特别感谢上海高校人文社会科学重点研究基地——"一带一路"能源电力管理与发展战略研究中心（项目号：WKJD15004）对本书出版的支持。

　　本书同时受到上海电力学院085项目资助；国家社科基金青年项目资助，项目名称"国内外能源相对价格对中国高、低能耗行业出口的差异化影响及对策研究"（项目编号15CJY058）；上海电力学院引进人才启动基金项目"我国电力供应保障安全问题研究"资助（项目编号K2015-028）；上海高校青年教师培养资助计划项目"中国电力短缺的原因分析及预防措施研究"资助（项目编号ZZsdl15113）。

中国采掘业能源利用与低碳发展

孔庆宝/著

厦门大学出版社　国家一级出版社
XIAMEN UNIVERSITY PRESS　全国百佳图书出版单位

图书在版编目(CIP)数据

中国采掘业能源利用与低碳发展/孔庆宝著.—厦门:厦门大学出版社,2016.8
(低碳经济研究文库)
ISBN 978-7-5615-5881-2

Ⅰ.①中… Ⅱ.①孔… Ⅲ.①矿业-能源利用-研究-中国②石油工业-能源利用-研究-中国③天然气工业-能源利用-研究-中国 Ⅳ.①F426.1②F426.22

中国版本图书馆 CIP 数据核字(2016)第 008611 号

出 版 人	蒋东明
责任编辑	吴兴友
电脑制作	张　秋
责任印制	朱　楷

出版发行 厦门大学出版社
社　　址 厦门市软件园二期望海路 39 号
邮政编码 361008
总 编 办 0592-2182177　0592-2181406(传真)
营销中心 0592-2184458　0592-2181365
网　　址 http://www.xmupress.com
邮　　箱 xmupress@126.com
印　　刷 厦门市万美兴印刷设计有限公司

开本 889mm×1194mm　1/32
印张 5.25
插页 2
字数 125 千字
版次 2016 年 8 月第 1 版
印次 2016 年 8 月第 1 次印刷
定价 40.00 元

本书如有印装质量问题请直接寄承印厂调换

厦门大学出版社
微信二维码

厦门大学出版社
微博二维码

摘　要

　　节能与低碳发展问题很早就成为全球关注的热点,能源和气候问题已经变得一年比一年紧迫。中国作为经济总量巨大的发展中国家,仍将在一定阶段保持较快的经济增长,能源消费具有很强的刚性特征,这是由中国目前处于必经的城市化和工业化阶段决定的。不断增加的环境污染问题,气候变化的原因虽然存在争议,但是在普遍认为碳排放会造成影响的情况下,走可持续的低碳发展之路变得很迫切。2013 年,中国大范围地区出现持续的雾霾天气,也预示着中国面临的能源和环境问题已经严重影响了人们的生活,改善环境迫在眉睫,节能减排的目标的制定需要更加科学合理。

　　中国处于发展中的城市化和工业化阶段,减少能源消耗和碳排放、进行产业结构调整一直是学者和专家呼吁采取的政策。而调整经济结构,需要考虑不同行业的能源消耗、碳排放。在众多行业中,采掘业为其他行业提供了重要的能源和矿物原料,同时消耗了大量的能源,研究采掘业的能源效率,估计节能潜力和碳减排潜力,对于中国经济发展中的节能减排具有重大的指导意义。

　　本书通过 SFA 模型研究了省际层面的采掘业的能源效率，发现采掘业的整体能源效率并不高，地区能源效率存在差异，具有较大的节能空间。然后本书对中国采掘业节能潜力和碳减排潜力进行了测算，同时对碳排放进行了 LMDI 因素分解。结果发现，FDI、能源价格和劳动生产率对采掘业能源消耗产生了较为显著的影响，通过节能和碳排放预测表明，采掘业具有相当可观的节能和碳减排潜力。

　　关键词：采掘业，能源效率，节能潜力，碳减排潜力

目　录

第一章
导　论

1.1　研究背景与研究意义 ●●➡

1.1.1 研究背景

　　能源为经济发展提供了动力支持,能源供应是经济发展的重要保证。随着我国改革开放步伐的进一步加快,能源问题已经成为影响我国经济发展的最大制约因素。改革开放 30 多年来,我国的能源供应从净出口到净进口,而 2013 年,我国石油和天然气的对外依存度已经分别达到 58％和 31.6％[①],2013 年我国煤炭进口量达到 3.27 亿吨,同比增长 13％,进口量达到有史以来新高[②]。

　　降低能源消耗的普遍方式包括:节能和能源替代,利用新能

---

　　① 中国石油集团经济技术研究院,2013 年,国内外油气行业发展报告[Z].2013 年 1 月.

　　② 数据来源:中国海关总署公布数据.

源替代传统的化石能源。我国由于处于城市化和工业化的必经阶段,经济高速发展,能源需求巨大且呈现刚性,降低能源消耗并非易事。中国煤炭提供了 70% 以上的能源和 80% 以上的电力供应,清洁能源的比例微乎其微,短期内完成能源替代并不现实。所以,降低能源消耗的主要方式在节能。而不同的行业由于发展阶段不同,用能情况不同,具有不同的节能潜力,研究行业的节能潜力具有十分重大的现实意义。

同时,能源的大量消耗导致的环境问题越来越明显。从工业化时代开始,人类文明的进程加剧了环境的破坏,成为人类自身生存的主要障碍之一。目前来看,二氧化碳排放造成全球性的温室气体效应,气候变暖成为威胁人类生存的主要因素之一,已经成为大多数学者的共识。所幸的是,人类认识到了温室气体对自身生存的威胁。IPCC(联合国气候变化专门委员会)的推断表明,如果全球温度稳定上升限定在 2℃ 到 4℃ 之间,那么,2050 年温室气体排放量必须在 2005 年的基础上降低至 50% 到 85%。根据 2007 年 IPCC 发布的第四次评估报告显示,如果各国不进一步采取减缓措施,未来几十年全球温室气体排放将持续增加,并导致全球变暖进一步加剧,甚至可能引发全球气候系统和生态系统出现不可逆的变化。这个报告引起了国际社会的普遍关注,为了人类共同的利益,各个国家均着手采取措施应对。2008 年 4 月 8 日,八国集团联合发布声明,希望和《联合国气候变化框架条约》的成员国一起,为 2050 年全球温室气体至少减少一半的目标而努力。气候问题不是一个人、一个地区、一个国家的问题,而是一个全球性的问题。

面对能源问题和低碳发展问题的压力,中国作为发展中大国,有义务承担相应的责任,并且对世界做出承诺,承担相应的减排责任。2009 年,中国政府承诺到 2020 年单位国内生产总

值的二氧化碳排放比 2005 年下降 40％至 45％。对世界的承诺
需要全国人民的共同努力,国内各地区、各行业需要承担相应的
节能和碳减排量,因此,各地区和各行业的减排指标的制定具有
非常重要的积极意义。

2014 年 3 月,李克强总理在政府工作报告中强调,要加大
节能减排力度,控制能源消费总量,提出 2014 年能源消耗强度
要降低 3.9％以上,二氧化硫、化学需氧量排放量都要减少 2％;
同时提到,对于采掘业,加强天然气、煤层气、页岩气勘探开采与
应用;鼓励非国有资本进入资源开发等行业,制定非国有资本参
与中央企业投资项目的办法,向非国有资本推出一批投资项目。
这些新政策为采掘业的发展与采掘业节能减排的进一步实施提
供了良好的发展机遇,同时也面临严峻的挑战。

1.1.2 研究意义

按照国家统计局的划分,第二产业包括工业 39 个行业再加
上建筑业,第一产业包括农、林、牧、渔、水利业,第三产业包括交
通运输、仓储和邮政业、批发和零售业、住宿和餐饮业、金融业、房地
产业等,不同的行业,其能源消耗结构和节能潜力有很大的不同,而
且由于技术等因素的影响,它们处于不同的发展阶段,不能为了节
能目标而采取一视同仁的政策。研究不同行业的节能潜力,对于制
定合理的节能目标和节能政策具有重大的理论和现实意义。

减少碳排放成为应对气候问题的主要措施,低碳发展正在
成为这个时代的主题。不同的行业,碳排放具有很大的不同,尤
其是发展中国家,面对经济增长的约束,如果能够从行业的角度
降低碳排放,则能够更好地为低碳经济的发展做出贡献,而不影
响本国工业化和城市化的进程。

采掘业涉及煤炭、石油等主要能源产品,作为国家的基础性产业,提供了我国93%的能源、80%的工业原料和70%的农业生产资料。同时,采掘业本身又是耗能较多的产业之一,历年能源消耗占到我国全部能源消耗的5%～8%。研究采掘业的能源利用情况和节能潜力,不仅对我国的节能具有重大意义,同时,由于采掘业提供了93%的能源,对保障能源供应也具有重大的战略意义。

在我国,大部分能源行业作为垄断行业,效率较低,问题较多,随着改革开放的推进,亟待改革。而采掘业囊括了能源行业的上游部分,采掘业的改革能够真正对能源垄断行业的市场化进程起到推动作用。研究采掘业的产业发展和市场化,对于打破垄断,推进能源行业市场化进程具有很强的政策意义。

本书通过研究中国采掘业的发展现状,对采掘业能源需求因素进行了分析,并预测了节能和碳排放,发现采掘业具有较大的节能和碳减排潜力。进一步地,本书通过分析采掘业碳排放的影响因素,研究了影响碳排放的主要因素。研究发现,采掘业作为重要的工业之一,具有较大的节能和碳减排潜力。最后,本书为采掘业节能和碳减排的实施提出了可行的政策建议。

1.2 研究对象 ●●➡

1.2.1 中国采掘业与其他行业的投入产出影响

采掘业是重要的能源和矿产生产部门,为国民经济提供基本原材料和化石能源。采掘业与其他行业具有密切的关系,采掘业的开采需要其他行业提供工具、技术、资本、能源等，这是个复杂的过程。本书通过分析采掘业的生产对其他行业生产的带动和对其他行业能源消耗的带动，可以更加明确采掘业的重要地位，尤其是在能源消耗中的重要地位。而基于投入产出的分析是众多学者研究此类问题的有效方法。

1.2.2 中国采掘业能源效率分析

能源效率是研究能源问题的重要方面。提高能源效率能够直接减少能源消耗，因此，它被众多学者认为是研究能源问题的切入口。采掘业涉及煤炭开采和洗选业、石油和天然气开采业、黑色金属开采业、有色金属开采业和非金属开采业，不同的行业的能源效率不尽相同，同时，中国地大物博，不同地区的采掘业发展情况不一样，其能源使用效率更是不尽相同。改革开放以来，中国经济发展迅速，能源需求剧增，矿产产量也增加到非常大的规模。同时，由于开放程度和政策扶持力度不同，不同区域的发展程度存在很大不同，技术、资金、劳动力等因素造成了区域内很多产业发展的不平衡。这样，从技术前沿面的角度来看，其具有很大的技术提高空间，来促进产业效率的提高。因此，研究采掘业的区域能源效率，能够发现采掘业能源效率提高的空间，从全国不同区域角度分析提高采掘业能源效率的方法。

1.2.3 采掘业节能潜力与碳减排潜力

节能潜力是目前能源经济学研究的重要问题之一。产业的能源消耗量受到产业产出、能源结构、产业规模、能源价格等一系列因素的影响，同时还受到产业自身特性的一些因素的影响，比如采掘业既生产能源，又消耗能源，能源价格对其能源消耗的影响可能是双向的。研究采掘业的能源消耗影响因素，从而研究其能源消耗量和节能量，是本书研究的重要问题之一。

在能源和矿产的开采过程中，技术进步会对能源消耗产生影响，此外，考虑到反弹效应的存在，技术进步可能会引起能源价格的降低，从而导致更多的能源消耗，因此，能源价格会对采掘业的能源消耗产生影响，也就是除了技术手段的节能，笔者还应该考虑经济手段的节能。而采掘业提供了大部分的化石能源，能源价格上涨会影响其生产的积极性，从而使得产出发生变化，同时在生产的过程中又需要消耗大量的能源，能源价格上涨又会抑制其产出，因此，能源价格对采掘业的能源消耗是个双重而复杂的影响因素。这也是本书研究的影响采掘业能源消耗和节能的重要因素。

根据历史数据，采掘业的能源消耗占到我国全部能源消耗总量的 5%～8%，2011 年达到 2.002 亿吨标准煤。由于我国能源消耗总量较大，2013 年全国能源消费总量达到 37.6 亿吨，影响采掘业能源消耗技术、能源结构等因素的微小改进，可能产生相当大的节能量。因此，研究采掘业的节能，能够从能源消耗总量控制上较好地减少能源消耗。合理进行总量控制，目前已经是我国能源政策的重要内容，除了能源强度的目标，能源总量控制的目标早已提上日程。国家发改委 2011 年年底下发了《合理控制能源消费总量工作方案》的征求意见稿，提出能源消费总量控制的具体目标，到 2015 年国家能源消费总量控制在 41 亿吨标准煤左右。国家能源局制定的 2014 年能源消费总量控制目标为 38.9 亿吨标煤。研究采掘业的能源消耗，进而估计节能潜力，对实施能源总量控制，制定和完成能源总量控制目标都非常有必要。

　　从化石能源来看,我国石油和天然气资源相对较少,而煤炭资源相对丰富,这种能源禀赋决定了我国的能源消耗将长期以煤炭为主。改革开放以来,1997 年之前煤炭在我国一次能源消费中的比例一直占到 70％以上,而 1998 年下降到 69.6％,到 2001 年最低达到 65.3％,之后开始不断上升,到 2007 年超过70％,达到 71.1％,2008 年为 70.3％,2009 年达到 70.4％,2011年达到 72.8％。煤炭作为主要能源,不但能源效率低,而且其消耗产生了大量的碳排放和其他环境污染物。以燃煤为主的能源年消耗,造就了我国 75％的二氧化硫排放、75％的二氧化碳排放、85％的二氧化氮排放、60％的一氧化氮排放和 70％的悬浮颗粒物排放[1]。我国目前出现的大面积持续的雾霾,大多与煤炭的大量消耗和持续的增长直接相关。

　　煤炭的过量开采,不但使大量的煤炭被消耗,造成污染物的排放,同时造成矿区生态环境的破坏。煤炭开采对环境的破坏主要表现为:煤炭开采造成大气污染,开采过程中的水污染、地表沉陷、裂缝、水土流失、土地荒漠化等,远距离运输的煤炭损失对沿线环境也造成不小的污染。

　　煤炭开采过程不但消耗大量能源,产生较多碳排放,同时开采形成的废气主要是矿井瓦斯,主要成分是甲烷,而甲烷的温室效应是二氧化碳的 23 倍。以 2006 年为例,全国煤炭矿井瓦斯的排放量有 160 亿立方米,其中仅利用 10 亿立方米,剩余的150 亿立方米直接排放进入大气层扩散到全球范围,其中瓦斯含量大约 40 亿立方米,相当于 860 亿立方米的二氧化碳产生的温室效应。

　　同样,在开采石油天然气、矿产资源等的过程中,将消耗大量的能源,产生大量的二氧化碳排放。采掘业的碳排放是我国工业碳排放的重要部分。在开采能源和矿产的过程中,如何减少碳排放是一个重要的研究内容。而通过对碳排放总量和碳排放潜力的估计,能够为采掘业的碳减排制定比较合理可行的目标和规划。

本书将对采掘业碳排放的估计和未来碳减排潜力进行研究,以求为采掘业碳减排指标的制定提供依据,同时对碳排放总量指标的制定提供依据。

1.2.4 采掘业碳排放因素分解

碳排放的影响因素很多,不同行业、不同地区的影响因素相差很多。一是不同的能源结构对碳排放量产生不同的影响。在一次能源中,提供单位热值的能源中,煤炭的碳排放最多,其次是石油,天然气的碳排放相对较小。笔者根据不同能源的碳排放系数不同,造成碳排放量不同,分析能源结构对碳排放的影响。二是能源效率会对产业的碳排放产生影响。能源效率的提高,直接带来能源消耗的减少,从而导致碳排放量的降低。但是,与此同时,能源效率的提高可能使得能源价格降低,从而带来能源消耗的反弹,人们会消耗更多的能源。所以,研究采掘业的碳排放因素,综合考虑造成碳排放增加的原因,能够针对行业特性,对采掘业碳减排提供有价值的政策建议。

同时,产业规模、劳动力、能源强度等因素也会对采掘业的碳排放造成较大影响,因此分析采掘业碳排放的影响因素,笔者能够找出不同因素对采掘业碳排放的贡献程度,进而提出减少碳减排的合理建议。

1.3 写作框架 ◆◆➡

1.3.1 写作方法

本书以现代经济学理论为研究基础,结合我国采掘业实际情况,在借鉴国外采掘业发展经验和教训的基础上,主要通过以下方法进行研究:

理论分析方法:本书运用现代经济学分析方法,深入分析了产业节能的影响因素及其内在关系,基于投入产出模型、SFA 随机前沿分析模型、协整模型、LMDI 对数平均指数分解法进行分析。

实证分析方法:本书以工业行业中的采掘业为例,通过多年时间序列数据,运用投入产出模型、SFA 随机前沿分析、协整和误差修正模型,分析了中国采掘业节能的影响因素,并根据实际情况,对节能潜力做了估计。其具体研究路线如图 1-1。

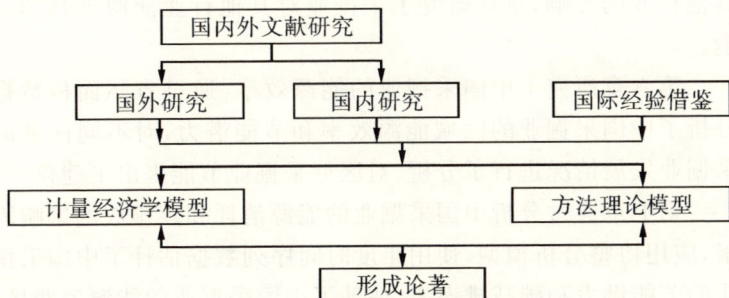

图 1-1 研究方法路线图

1.3.2 写作内容与结构安排

本书共分为九章内容：

第一章导论，介绍了研究背景、研究意义、研究对象、研究思路、创新点和不足之处，说明研究工作的主要贡献及进一步研究的拓展方向。

第二章文献综述，对已有文献进行了大量的研究，主要包括我国采掘业投入产出分析、采掘业能源效率研究、节能潜力和碳减排潜力的估计、碳排放因素分解。

第三章介绍了中国目前经济发展现状，能源需求的不断增长，碳排放量的不断增加，在国内和国外形势的压迫下，中国不同产业面临不同的节能和碳减排压力。

第四章分析了我国采掘业的发展现状，分别介绍了采掘业的市场化情况、产业集群、产业集中度、采掘业发展对环境的影响以及影响采掘业发展、能源消耗和碳排放的因素。

第五章通过中国采掘业投入产出的分析，研究了采掘业对其他行业的影响，重点研究了采掘业对其他行业能源消耗的影响。

第六章研究了中国采掘业的能源效率，通过省际面板数据分析了中国采掘业的区域能源效率和节能潜力，对不同区域的采掘业发展情况进行了分析，对区域采掘业节能提出了建议。

第七章通过分析中国采掘业的能源消耗和碳排放的影响因素，应用协整分析模型，使用年度时间序列数据估计了中国采掘业的节能潜力和碳减排潜力，估计了中国采掘业的能源消费量，并且考察了采掘业工业增加值、采掘业外商直接投资、燃料价格和劳动生产率这四个影响因素对采掘业能源消费量的长期弹性,建议为提高采掘业的能源利用效率,进一步缩小节能潜力,需要更为积极的节能和碳减排政策。

第八章基于 LMDI 方法估计了中国采掘业碳排放的影响因素,首次对中国采掘业的碳排放影响因素做了分析,为制定采掘业的碳减排政策提供参考,进而为国家低碳经济的发展提出行业政策建议。

第九章是本书结论。

第二章
采掘业相关研究概述

2.1 中国采掘业整体发展情况概述

采掘业是国民经济的基础性产业,其为国民经济其他部门提供矿物原料,是国民经济发展的重要支撑,在国民经济中有着重要的作用。从两位数代码行业来看,采掘业包括煤炭开采和洗选业、石油和天然气开采业、黑色金属矿采选业、有色金属矿采选业、非金属矿采选业以及其他矿采选业六个细分行业。

新中国成立之后,中国开始了从农业国到工业国转变的发展道路,采掘业作为国民经济尤其是工业经济中的基础行业也开始得到快速发展,在一定程度上,采掘业的发展支撑了整个中国经济的进步,其对经济的作用不言而喻。现有文献中,关于自然资源的采掘对国民经济发展和社会进步的影响方式以及影响程度,大家存在不同的观点。Bebbington et al. (2008)[2]、Horowitz(2011)[3]和 Pegg(2006)[4]认为,采掘业主要体现是自然资源导向型发展,但经济学理论中关于这种发展模式对经济增长的作用仍然存在争议性。Auty(1993)[5]、Collier(2007)[6]、

Sachs & Warner(2001)[7]的研究发现,发展中国家对自然资源的开采往往具有局限性并且包含政治因素,因此,往往拥有丰富的不可再生自然资源的国家在经济发展、环境保护及社会文明程度等方面表现得更落后,从而陷入"资源诅咒"。随着全球经济一体化的发展,采掘业作为国民经济的基础性行业,不可避免地参与到这种全球化的进程中,采掘业企业向国外直接投资的行为越来越普遍。中国作为世界能源需求增长的主要引擎,通过进口和国内开采已无法填补经济快速发展产生的能源缺口,因此要大力推动我国采掘业企业对外直接投资。辛晴、綦建红、李鸿(2008)[8]分析了当前全球采掘业对外直接投资发展的新趋势,采用邓宁的 OLI 范式,对我国发展采掘业对外直接投资的可行性进行了分析,并提出了对应的政策建议。在全球经济一体化的背景下,中国采掘业的对外投资规模不断增长,企业的跨国并购越来越常见。王学评、刘大文、元春华(2010)[9]运用SWOT 分析法,对我国采掘业境外投资的优点和不足以及整体上的外部环境所带来的机遇与挑战进行了分析,并结合我国采掘业境外投资及管理的现实状况,对促进我国采掘业境外投资的快速发展提出了相应的建议。鉴于我国依赖国际资源的格局将长期存在,要保障我国的资源安全,就要提高我国采掘业对外投资的竞争力,相关企业要努力适应采掘业外资政策的变化。方友林(2010)[10]对 21 世纪以来全球范围内的采掘业外资政策的发展进行了梳理,概括了各国采掘业政策框架的主要构成,考察了采掘行业对外直接投资准入的管制,以及在确定采掘行业利益分配方面的政府行动和国际协定,总结了我国采掘业对外直接投资应注意的制度层面上的问题。周铁军、刘传哲(2011)[11]在论述我国近年来采矿业对外直接投资现状的基础上,重点分析了我国采矿业对外直接投资迅猛发展的动因,进而对其中存在的问题提出了对策建议。吴玉春、王静、刘自学(2012)[12]根据政治风险领域的研究现状,从政府和企业的视角,分析了采掘业跨国经营的政治风险的管理及防范,为我国采掘业的国外投资提供了政策管理指导。

工业化初期,人们并未明确意识到资源对经济发展的约束作用。随着经济发展水平的不断提高,资源对经济发展的制约作用开始显现并不断加强,人们开始关注采掘业发展的影响因素问题,并试图采取相应的措施促进采掘业快速发展,减缓经济发展的资源约束。就我国而言,霍雅勤、王瑛(2005)[13]测算了1986—1998年中国采掘业的技术进步速度及影响因素,其结果显示,资金、技术进步与劳动力对采掘业产出增长的贡献依次减小,资金在采掘业增长中的贡献最为突出,并且中国采掘业呈现出规模效益递减的发展趋势。张卉、司徒春妹、李志学(2013)[14]对采掘业上市公司进行的实证研究表明,R&D支出对采掘业公司的成长有着显著的正向影响。采掘业公司应该更加注重研发活动,加大对研发投入的力度,引进高层次的复合型人才,特别是要提高研发活动的针对性和实用性,以更好地促进公司的科技和产品创新。

采掘业企业的管理制度也是影响采掘业发展的重要因素。20世纪50年代,美国就开始了对石油天然气会计的研究,其研究的主要内容是以历史成本为基础的成果法和完全成本法的运用方式及使用范围的选择。吴杰、廖洪(2005)[15]总结了美国采掘行业会计研究的特点,同时也对澳大利亚等西方国家会计准则方面所进行的研究进行了评述,并指出了今后采掘业会计的研究方向和重点内容。我国于2006年2月发布了《石油天然气开采企业会计准则》,规范了石油天然气行业的会计准则。张玉兰、刘秋华、周名胜(2007)[16]的研究表明,煤炭采掘业生产活动也有单独制定会计准则的必要,单独制定煤炭采掘业会计准则是现实选择。刘丽君、王越(2006)[17]从联邦和省两个方面介绍了加拿大矿业管理体制、机构组成、各项职能及矿业税收优惠政策,并提出了对我国的借鉴意见。黄昶生(2010)[18]研究了石油采掘业新区产能建设模式,以油藏经营管理理论为基础理论,重点研究了我国石油采掘业新区产能建设的审批体制、项目管理体制、项目运作体制,以及对项目组的考核和新区产能建设运作模式的保障措施等内容,探寻出基于油藏经营管理的新区产能建设运作模式。

采掘业发展过程中的环境问题以及生产效率也是人们关注的领域。现有文献表明,采掘业在生产过程中,面临着严峻的资源浪费和环境破坏问题。徐曙光、李茂(2013)[19]指出在境外矿产勘查开发投资中,矿山环境准入是一个很重要的因素,关系到勘查开发工作是否能够顺利进行。其通过建立在矿产勘查开发投资中矿山环境准入的指标体系,计算了矿山环境成本指数,评价了世界主要国家的矿山环境准入门槛。其研究结果显示,美洲和澳大利亚是环境准入门槛和环境成本最高的国家和地区,环境状况较差、环境成本较低的国家主要分布在中亚和非洲。国内方面,在经济快速发展对矿产资源需求量急剧增加的背景下,如何解决好矿产资源勘查、开发与环境保护之间的关系显得越来越重要。为了减少矿产资源开发过程中对环境造成的影响,从源头上控制污染,对矿产资源规划进行合理的环境影响评价是最有效的方法之一。付建飞等(2005)[20]基于矿产资源自身所具有的特点,构建了由可持续目标和环境目标设立法、专家评判法、矩阵法、强度分析法和 GIS 技术方法等组成的矿产资源规划环境影响评价方法体系。李川(2007)[21]介绍了中国矿产资源规划的概况,综合考虑经济、社会、资源和环境各方面,也提出了矿产资源规划环评的主要内容、评价重点和主要的评价方法。姚静、杨辉、张玲(2008)[22]提出了以自然地理环境、地貌环境、大气环境、水环境、生态环境和社会经济环境六类环境影响作为评价因子,探讨了可适用于矿产资源规划环境影响评价的方法:环境成本—效益分析法,它是基于可持续发展能力的评价方法。李雪梅、闫海龙(2012)[23]以巴州地区为例,分析了塔河流域矿产资源产业发展特点,并基于这个基础对矿产资源开发带来的经济环境效应进行了分析。其研究结果表明,1995年到2009年,这一地区的矿产资源产业增长贡献了超过一半的经济总量增长,且其对经济增长的贡献比重不断增加;从国民经济的行业划分来看,石油和天然气开采业与非金属矿采选业在巴州地区经济总量中占有最重要的比重,这可能主要是因为矿产资源产业对劳动力具有较强的吸纳能力,且这些行业具有很强的企业集聚能力;从矿产资源产业发展与环境的关系来看,这些产业的发展程度同一些主要的环境指标,如工业二氧化硫和工业废水排放都呈现出线性关系。

随着全球气候问题的日益严重,采掘业的二氧化碳排放问题也是人们关注的重点之一。目前已有相关文献对采掘业二氧化碳减排问题进行研究,但主要集中在技术层面,如万毅等(2012)[24]阐述了深煤层 CO_2 埋存技术的发展现状。CO_2 在深煤层的埋存不仅可以减少温室气体,同时可以驱替煤层中的 CH_4 气体,达到煤层气增产目的。文章阐述了目前存在的四大技术难题,并初步探讨了解决问题的方向,提出"建立深煤层 CO_2 可封存性评价体系"的概念。国内在采掘业二氧化碳排放的影响因素方面的研究相对而言比较缺乏,本书的研究在一定程度上填补了该领域的空白。

2.2　采掘业的投入产出研究 ● ●➡

自美国经济学家里昂惕夫于 1936 年创立投入产出分析法之后,这种基于编制投入产出表、建立相应的线性代数方程组来研究各国民经济部门之间内在联系的方法就得到了广泛的应用。投入产出研究方法分为静态投入产出模型以及动态投入产出模型,静态投入产出模型反映了国民经济各部门之间实物运动以及价值运动的过程,通过分析由投入产出表得出的直接消耗系数、完全消耗系数,可以对国民经济各部门的发展情况以及相互之间的作用关系进行很好的描述。静态投入产出模型中没有时间变量,只能反映某一时刻的经济运行情况,动态投入产出模型则在模型中加入了时间变量,因此可以用来进行政策模拟,研究一定生产周期之内国民经济各部门之间的生产过程,分析预测这一部门在未来一段时间内的发展状况。

投入产出分析方法可以对某一国家或地区的经济结构进行分析。王剑(2009)[25]、梁敏(2011)[26] 等利用投入产出分析方法,分别对福建省和山东省的主导产业进行分析研究,对确定区域主导产业以提高经济发展水平提出了相应的判断。在行业研究方面,王微(2007)[27] 采用投入产出分析方法,基于 1992—2002 年的投入产出表,从各部门的最终产品率、农业与其他各部门之间的联系、价格影响模型及其波动效应,以及农业的影响力系数和感应度系数四个角度对农业在国民经济中的地位和作用进行研究。钟山等(2004)[28] 利用1997 年中国投入产出表对交通货运行业各部门与国民经济其他部门之间的联系进行分析,找出了交通货运行业的发展瓶颈并提出了相关的政策建议。

陈建华等（2011）[29]利用投入产出分析方法对 1987 年到 2007 年的中国投入产出表进行研究,通过计算中间需求率和投入率、直接消耗系数、影响力系数和感应度系数等指标,对我国交通运输业的演变过程进行了分析。吕金飞等（2006）[30]对林业投入产出分析进行了综述,并对现有研究存在的问题以及未来研究的发展趋势进行了阐述。杨军等（2012）[31]利用投入产出分析方法对中国 2007 年的投入产出表构建了产出价格模型,从而对煤炭行业与其他部门之间的联系进行了分析,发现对煤炭行业价格影响较大的行业主要是第二产业中的重化工业,第一产业和第三产业对煤炭价格的影响则相对较小。林玉蕊（2007）[32]利用自己构建的农业投入产出数学模型对农业劳动力、固定资产及转换效率等因素进行了分析研究。庄焰等（2006）[33]利用投入产出分析方法,结合中国建筑业 1991 年到 2003 年的投入产出数据,对中国建筑业总产值、从业人数、能源消耗等因素进行分析,评价了这段时间内中国建筑业的投入产出效率。

投入产出方法还可以对碳排放问题进行研究,目前已有很多这方面的文献。魏本勇等（2009）[34]基于投入产出分析,采用 2002 年的 122 个部门全国投入产出表及 2002 年全国 44 种行业的能源消费量,从最终需求的角度对中国国际贸易中的碳排放问题进行研究。研究发现,2002 年中国为贸易隐含碳排放的净出口国,并进一步确定了 11 个主要的总出口碳排放部门以及 5 个总进口碳排放部门。张智慧等（2013）[35]利用投入产出分析方法按直接碳排放和间接碳排放计算了 2002、2005 以及 2007 年建筑业及其他行业的碳排放并进行了比较,结果表明,建筑业的碳排放量及关联碳排放系数排名较为靠前,建筑业在碳排放方面具有很强的拉动效应。张迪等（2010）[36]应用投入产出分析方法,基于 2002 年的相关数据对中国农产品对外贸易中的隐含碳排放转移问题进行了研究。结果表明,2002 年中国为农产品国际贸易中隐含碳排放的净出口国,他们进一步分析了农产品隐含碳排放的主要出口国和主要进口国。主要出口国集中在亚洲的韩国、日本等国家,拉丁美洲、北美洲和亚洲是中国农产品国际贸易中隐含碳排放的主要进口国。研究还表明,尽管中国农产品在生产过程中的直接碳排放强度较低,但其完全碳排放强度则很高,笔者在未来的发展过程中应注意中间环节的节能减排,从而降低中国农产品行业的完全碳排放强度。徐盈之等(2010)[37]利用投入产出分析方法,对中国 27 个产业部门碳排放的间接效应及转移机制进行了研究,并实证分析了各产业部门的碳减排责任。研究结果表明,从行业上看,交通运输、仓储及邮电通讯业和建筑业需承担较大的碳减排责任;从产业部门上看,能源行业的碳减排责任较大,这说明从整体上生产者需承担主要的减排责任。

目前也有关于采掘业投入产出分析的相关文献。项长兴(1996)[38]利用栖霞山矿 1992 年的年度投入产出生产指标,对栖霞山矿生产过程中的资源利用率及利润率进行了分析,并针对分析结果提出了提高矿山利润率的途径。李充(2011)[39]利用投入产出分析方法,在 2007 年全国投入产出表的基础上构造了包含第一产业、采掘业、第二产业中的非采掘业部门以及第三产业的四部门投入产出表,对我国采掘业的发展现状进行了分析,并得出了直接消耗系数表以及完全消耗系数表。分析结果表明,采掘业的资源利用率高于其他部门,同剔除采掘业的第二产业其他部门之间存在着紧密的联系,但同第一产业、第三产业的关联度并不高。从计算的感应度系数和影响力系数来看,采掘业对国民经济有着重要的影响,影响力仅次于第二产业中的非采掘业部门,高于第一产业和第三产业,这说明采掘业是国民经济中的重要组成部门,同时也是发展中国经济的主要动力。程伟(2010)[40]在对矿区资源综合开发利用的循环经济模式分析时,也对矿区资源的开发利用进行了投入产出模型分析,编制了矿区资源开发利用投入产出表,得出了矿区资源开发利用过程中的完全消耗矩阵,并应用这种分析方法对平禹煤矿资源的综合开发进行了投入产出效果分析。这些现有文献或集中讨论某个采掘业的细分行业,或对某一企业进行案例分析,缺乏对采掘业整体的投入产出分析。

2.3 采掘业能源效率 ●●➡

20世纪70年代后,作为用一种非参数估计来评价部门间相对有效性的方法,数据包络分析(DEA,Data Envelopment Analysis)开始得到广泛应用。DEA由单输入单输出的效率测算逐步发展成为具有多个输入多个输出的生产企业或行业的效率衡量方法,其有效性与相应的多目标规划求解的帕累托有效是等价的。DEA通过输入值和输出值来估计有效生产前沿面,相对于其他方法可能存在的将有效决策单元与非有效决策单元混淆的弊端,它进行了改进,并且在多输入以及多输出问题分析上具有较为明显的优势。相对于DEA,随机前沿分析(SFA)的应用起步较晚,属于一种比较新的研究方法。自20世纪90年代以来,SFA开始在经济学与管理学等领域取得较为广泛的应用。SFA方法可以用来衡量某一企业或者某一行业是否有效率,以及判断效率及非效率行为是由哪些因素构成的。同随机前沿分析方法相比,广义最小二乘法尽管也可以用来解决这些问题,但存在较大的局限性。由于多种因素都可能对效率产生影响,在使用广义最小二乘法分析问题时,一旦因为某种原因对影响因素考虑不全,则整个分析就会缺乏稳定性。与之相比,随机前沿分析通过分析企业之间效率的相对差异并根据这种差异得出某具体因素的作用,因此将企业效率的影响因素与决定因素相分离,从而可以不需要包含所有的因素,因此较好地解决了广义最小二乘法在这类问题方面的局限性。

在衡量企业或部门的生产效率时,DEA 方法与 SFA 方法何种最优一直存在争议性。DEA 是一种非参数的方法,不需要对生产函数进行相关假设,因此,它可以避免由于各种假设产生的误差项,但由于 DEA 方法将任何对生产边界的偏离都看成是非效率的,所以无法分离出随机误差项。SFA 是一种参数方法,能够较好地解决 DEA 方法中存在的无法分离随机误差项的问题,但同时正是因为参数化的方法需要对生产函数或误差项的分布做出假设,因此,生产函数和误差项的不恰当假设将会导致无法区分效率估计及误差。在实证研究方面,单纯从测得的结果上看,SFA 方法与 DEA 方法存在着较大的差异性。王博文(2012)[41]根据中国 37 家低碳企业上市公司 2003—2009年的面板数据对低碳企业生产效率值进行了测算,发现随机前沿分析方法和数据包络分析方法得到的结果存在明显差异,随机前沿分析测算的生产效率明显高于数据包络分析测得的效率值,并且不同方法得到的 37 家企业生产效率排序也不同。何浩等(2009)[42]根据某寿险公司 8 家分公司的数据,分别利用两种方法对该寿险公司总保费、标准保费和分渠道保费等的产出效率进行估算,发现得到的结果及各分公司的效率值排序也不尽相同。何枫等(2008)[43]分别使用随机前沿分析和数据包络分析,对中日家电企业的研究开发投入对企业效率的影响进行了分析,尽管两种方法都得出了研究开发能够有效促进企业效率增长的结论,但具体得到的系数仍存在差异。傅晓霞等(2007)[44]采用1978年到2004年的中国升级面板数据,使用随机前沿分析方法对中国全要素生产率核算的适用性进行了检验,分析结果表明,全国全要素生产率增长分布较为平均,结果比较接近,并且通过与DEA方法得出结果的比较,证明了随机前沿分析是更为实用的生产率分析工具,其分析结果相对于DEA的分析结果而言更具有可靠性。

最近的文献表明,SFA方法在不同地区或不同企业之间的效率对比方面应用较为广泛。相对于DEA方法,SFA方法对生产函数有明确的设定,通过合理的分析能够克服不合理假设带来的不良影响,并且SFA方法能够辨别非效率因素的影响。很多学者应用SFA方法进行了效率分析。史丹(2008)[45]采用方差分解方法对1980—2005年中国各地区之间能源效率差异中的各因素的作用大小进行了测算。结果表明,资本能源比率、全要素生产率和劳动能源比率之间的差异是造成各地区之间存在能源效率差异的主要原因。何枫、陈荣(2008)[46]以中国2002—2006年数个行业近200家上市公司为样本,运用SFA模型测算了基于产品附加值和主营业务利润口径的企业效率,结果表明,公司管理层持股和资本及产品市场压力对公司效率具有显著的积极影响,而公司控股股东性质、持股比率及国有股东持股比例等与公司效率之间存在着显著的负相关关系。刘玲利等(2007)[47]基于随机前沿分析方法,利用中国省级1998—2005年的面板数据建立了随机前沿知识生产函数模型,对这些年份的研发资源配置效率进行了测算,并实证研究了配置效率的影响因素。结果表明,中国研发资源配置效率整体上处于较低水平,且各地区之间的差异较为明显,政府资金支持对研发资源配置效率的提升并未起到良好的效果,地区开放程度及市场化程度对研发资源配置具有显著的正向作用,研发资源配置效率的提高主要依赖外界环境的作用,而不会随时间自然增长。陈青青等(2011)[48]使用随机前沿分析的方法,根据1996—2006年中国省际面板数据,对省级技术效率进行了测算,并按照东部、中部和西部进行比较。结果表明,三个地区之间的技术效率高低依次是中部地区、东部地区和西部地区,且从整体上看全国的技术效率逐年增加,三个地区之间的差异在逐渐减小。叶娇(2009)[49]利用随机前沿分析方法对中国25个地区的外资工业研发效率及研发效率的影响因素进行了测算,计算结果表明,中国境内的外资企业研发效率整体较低且地区间存在明显的不平衡现象。从影响因素来看,技术市场对外资企业研发的影响效率不显著,而地区的信息化发展水平、当地科研实力等因素对外资企业研发存在着显著的正向影响。景保峰等(2012)[50]使用随机前沿分析方法对中国深圳、上海两地的物流公司技术效率及影响因素进行测算,结果表明,2003年到2009年之间两地物流公司技术效率整体处于较低水平,并且整体上处于下滑趋势,尽管下滑幅度较小。从影响因素上看,区域经济因素对物流公司的技术效率没有影响,资本投入、管理要素投入对技术效率具有正向影响,自身的经营管理水平也有着较为明显的作用,但人力资本投入对效率影响则相对较弱。赵金楼等(2013)[51]使用随机前沿分析方法对1980—2010年中国各省份的能源效率进行测算并对影响因素进行分析,结果表明,我国能源效率存在较为明显的地区差异性,煤炭消费比重、产权结构、能源价格和出口依存度是主要的影响因素。

2.4 采掘业节能潜力的估计 ●●➡

随着中国经济的不断增长,能源约束对经济发展的约束作用不断显现。"十一五"规划中提出单位国内生产总值能耗降低20％左右的目标,2013 年 1 月份出台的能源发展"十二五"规划中,更是提出了控制能源消费总量的目标,要求到 2015 年实现能源消费总量 40 亿吨标煤,用电量 6.15 万亿千瓦时,单位国内生产总值能耗比 2010 年下降 16％,单位国内生产总值的二氧化碳排放比 2010 年下降 17％的目标。当前,我国正处于经济迅速增长的时期,经济增长同能源消费存在着正相关的关系。在保证经济增长的同时顺利实现节能减排的目标,需要笔者对各行业的能源效率及节能潜力有一个明确的认识。

现有文献中,Garbaccio et al.(1999)[52]基于中国的投入产出数据发现,中国的两位数行业在 20 世纪 80 年代末到 90 年代初,能源产出比重下降,绝大部分可以由技术变化揭示,而这段时间的产业结构变化不但没有减少反而增加了能源消耗。近年来,国内外学者对中国工业能效问题进行了大量研究。史丹(2002)[53]采用结构指数分析的结果表明,改革开放以来,对外开放有利于提高能源效率,进而降低我国能源消费的增长速度。樊茂清(2010)[54]针对中国制造业 20 个部门进行分析,结果显示,贸易对制造业的能源强度变化有一定的影响。王喜平(2012)[55]等运用方向距离函数和 Malmquist-Luenberger 指数模型,对 2001—2008 年中国 36 个工业行业在二氧化碳排放约束条件下的能源效率水平进行测算;李世祥等(2009)[56]采用非参数前沿方法计算得到我国工业行业能源效率普遍偏低,且能源与资本、劳动之间的替代效应微弱的结论；王姗姗等(2011)[57]运用 DEA-Malmquist 生产率指数法测算考虑环境效应的制造业行业能源效率指数；王海宁等(2010)[58]提出了产业集聚也可以提高能源效率的假说，并采用 DEA 方法测度了能源效率以及产业集聚程度指标。上述文献很好地考察了我国工业能源效率水平。

关于采掘业能耗以及节能的研究，近些年才开始。张燕、张洪、高翔(2011)[59]在投入产出模型中嵌入能耗内容，并辅以能耗系数等参数，利用此方法分析了 1997—2007 年中国各产业能耗相关数据，预测 2010、2020 年的能耗表明，节能潜力最大的是采掘业、化学工业、建筑业、电力热力、燃气生产和供应业、非金属矿物制品业等产业。邵军、管驰明(2009)[60]对我国工业部门的全要素能源使用效率进行了测算，发现能源使用效率存在着显著的行业间差异，采掘业的能效水平均值要高于轻工业和重工业组别：石油和天然气开采业、有色金属矿采选业的能效达到或接近了前沿效率水平，并在总体上提高了该组别的能效均值，但煤炭采选业的能源效率值却低出不少，1999 年只有 28％。范丹、王维国(2013)[61]将二氧化碳排放纳入工业能源绩效的评价体系之中，基于 SBM 方向距离函数及 Luenberger 指数测度了 2000—2010 年我国工业 36 个行业的能源效率与生产率，利用核密度估计分析了能源效率的动态演进，并对其驱动因素进行了实证分析。其结果表明：工业低碳能源效率高于传统能源效率，其中采掘业低碳能源效率最低，制造业的低碳能源效率最高，供应业次之。这意味着采掘业存在着更多能源浪费及二氧化碳的过度排放。能源效率排名最低的 5 个行业分别是煤炭开采和洗选业、水的生产和供应业、燃气生产和供应业、黑色金属矿采选业、非金属矿采选业，这些行业都是自然垄断性质的资源行业,具有行业垄断程度高、进入壁垒高、碳排放强度水平高等特点,主要的根源在于这些行业的纯技术效率非常低,这些行业应该是节能减排的重点行业。

研究采掘业节能减排的同时,采掘业电力消费方面的节能不容忽视。在采掘业总的能源消费中,电力消费占有很大的比重。历史数据显示,采掘业电力消耗占总能源消耗的比重不断上升,2011年达到45.29%。以煤矿为例,煤矿用电量较大,电力消耗占到煤矿企业生产能耗的55%~70%,电费支出占总成本的4%~18.5%,可是电能利用率只在30%~40%之间,煤矿企业电能消耗高、浪费大、经济效益差(李莉,2009)[62],存在很大的节电空间。部分煤矿企业耗电较高,电费占到吨煤成本的1/5~1/3,而世界发达国家的电费仅占吨煤成本的1/8~1/5(张宝璐,2010)[63]。随着煤炭企业的发展,井下机电设备由小型设备逐渐被大功率、大容量的设备所替代,煤矿的矿用设备基本上以电力为动力(王立武,2010)[64]。简单估计,煤炭企业一年的用电量相当于一个中等城市一年的用电量(和玉梅,2013)[65]。

油田用电同样也不容忽视。开发石油和天然气的企业,在开采石油的过程中耗费巨大的电能。资料显示,国内生产每吨原油的综合电耗为150 kWh/t左右,年用电量约200亿kWh,用于原油生产的电力基建投资逐年增大,电费支出占原油生产成本的1/5以上,有些油田还高些。采油用电是原油用电的主要构成因素(敬红彬,2007)[66]。油田生产中,电费占采油总成本的20%以上,这其中约80%是带动抽油机运转的电机耗电所致(景卫忠,2004)[67])。随着油田生产规模的不断扩大,生产系统用电量逐步增加,目前采油单位电力消耗费用占生产总成本的1/3,节电已成为降低油田生产成本的重要措施之一(杨晓存,2013[68])。目前油田在开采过程中,可以通过采用新型节能抽油机、对电动机采用智能调节系统、采用超高转差率电动机等方式进一步减少电力消耗(孙闯,2013)[69]。此外,金属以及非金属采矿业的电耗也非常大,如钨矿山能源消耗中电力的消耗占总能耗的 85% 以上(罗韬,2008[70])。

因此,研究采掘业的电耗和节电,是采掘业节能的重要方面。很多学者、一线技术研究人员都在实际工作中总结并研究了石油、天然气、煤炭以及各类矿产开采的节能节电措施,包括节能管理、技术管理、节能潜力等。例如:王战修(2000)[71]从加强管理、提高设备负荷率以及优化采掘机电系统设计三个方面论述了煤矿采掘机电的节能潜力与效益。李迎、刘毅(2008)[72]通过对金牛矿业公司的节电途径的总结和分析,研究了小型冶金矿山的一些行之有效的节电方法和途径。大庆油田有限责任公司采气分公司的范家僖[73]通过总结已采取的措施,分析气田节能潜力,指导节能降耗工作的开展。王康民、张慧敏(2013)[74]针对煤矿中变电、提升、运输、通风、排水等的主要环节,结合山西省实际情况,提出了现实可行的节能措施,等等。

中国目前正处于经济高速发展阶段,工业化和城市化是其重要的特征。在这个阶段,能源需求具有快速增长的特点,同时具有很强的刚性特征。电力作为较清洁的二次能源,其需求量增长更快。同时由于清洁能源目前成本依然很高,且比例较小,从消费侧考虑,鉴于中国电力消费总量巨大,随着技术的进步,节电依然是最有效的途径。

同时,当前中国已经面临较为严峻的能源资源稀缺、环境污染和二氧化碳排放等问题,探究采掘业电力利用情况,研究其电力强度的影响因素、未来的节电潜力与节电可行性,不仅可为采掘业的长远、可持续发展提供指导,还对保障我国能源供应,推动节电减排和低碳经济转型具有重要的战略意义。现有文献对中国工业整体的节能减排研究较多,缺少对采掘业节能和碳减排问题的全面系统的研究,由于采掘业相对于工业总体的耗能和碳排放比重大,有很大的节能减排潜力,是值得深入研究的一个问题。

2.5 采掘业碳排放因素分解和碳减排潜力 ●●➡

对产业碳排放因素分解的研究直接关系到碳排放量的估计和碳减排潜力,同时对碳减排措施的提出具有很强的指导作用,研究碳排放因素分解,意义重大。

早在 1998 年,Ang 等(1998)[75] 就提出了应用对数平均迪式分解法(Logarithmic Mean Divisia Index,LMDI),对中国工业部门的碳排放进行研究,将工业部门的碳排放按照影响因素进行分解。实证研究结果表明,使用 LMDI 方法按不同的影响因素对碳排放进行分解,能够很好地解决碳排放分解过程中的剩余项问题。在此之后,众多学者采用 LMDI 方法对工业部门的碳排放进行因素分解研究。Liu 等(2007)[76] 运用 LMDI 分解法对中国工业的 36 个行业的二氧化碳排放量进行了因素分解研究,结果表明,工业终端能源强度增加以及工业整体经济增长是导致工业二氧化碳排放增加的主要因素;陈诗一(2011)[77] 为解决中国工业二氧化碳排放强度变化问题,采用 LMDI 方法对 1978 年之后的工业下属两位数行业的二氧化碳排放进行分解,结果表明,能源强度下降、能源结构中非化石能源占比增加和工业结构调整是二氧化碳排放量下降的主要原因。

　　除使用 LMDI 分解法对中国工业的二氧化碳排放进行影响因素研究外,还有很多文献使用 LMDI 分解法对中国二氧化碳排放总量进行因素分解研究。Wang 等(2005)[78]采用 LMDI 分解法对中国 1957 年至 2000 年的全国二氧化碳排放总量进行了因素分解,结果表明,能源强度和能源消费结构是对中国碳减排的影响最大的两个因素,在这段时间内,中国整体的能源强度下降以及非化石能源消费在能源消费总量中所占比重的上升,贡献了二氧化碳减排量的主要部分。宋德勇和卢忠宝(2009)[79]基于"两阶段"LMDI 对中国整体二氧化碳排放及周期波动现象的影响因素进行分解研究,结果表明,在经济发展的不同时期,不同的经济增长方式会显著影响二氧化碳的排放水平。Liu 和 He(2010)[80]基于 LMDI 分解法,使用 1980 年至 2007 年三次产业的二氧化碳排放数据进行因素分解研究,研究结果表明经济增长、产业结构、排放系数及人口因素是二氧化碳排放量增加的最主要影响因素。王锋等(2010)[81]运用 LMDI 分解法对中国 1995 年到 2007 年的二氧化碳碳排放增长率进行研究,结果表明,人均国民生产总值、经济发达程度、收入状况等因素对全国的二氧化碳排放具有较为显著的正向贡献,而能源强度、交通工具、运输距离等因素对二氧化碳排放具有一定的负向贡献。

　　LMDI 还广泛应用在能源消耗及能源强度的因素分解研究中。现有的文献中,Huang(1993)[82]利用 LMDI 方法对中国工业部门能源强度变化进行了因素分解,Huang 通过将工业部门细分为造纸、化学、钢铁、电子设备以及其他部门等六个行业,研究了 1980—1988 年工业能源强度变化的影响因素。研究结果表明,工业结构变动以及能源强度改进效应是造成工业部门能源强度变化的主要原因。Zhang(2003)[84]利用改进的拉氏指数对中国工业部门 1990—1997 年的能源消费情况进行因素分解，研究发现，技术进步是工业部门能源消费变动的主要因素，规模效应、结构效应等因素的作用则相对较弱。Fisher Vanden (2004)[85] 利用乘法代数平均迪氏指数分解法，对近 2 500 家中国工业企业 1997—1999 年的能源消耗水平及能源强度进行因素分解，结果表明，产业结构对能源消耗水平具有显著的正向影响，而企业产出比例的变动是工业部门能源强度下降的主要原因。Chunbo Ma、David I.Stern(2006)[86] 利用对数平均迪氏指数方法对中国 1980—2003 年的能源强度变动的影响因素进行研究，并且首次引入能源之间的替代作用作为能源强度变化的影响因素，结果表明，在增添了能源之间的替代因素之后，这种替代作用对能源强度的作用并不显著，技术进步仍然是能源强度变动的主要因素，研究区间内的能源强度增加主要是负向的技术进步造成。国内使用 LMDI 方法对能源消耗及能源强度进行分析的文献也有很多。吴巧生、成金华(2006)[87] 运用 LMDI 方法对中国能源强度进行因素分解研究，结果表明各产业能源使用效率提高是 1980 年之后中国能源效率提高的主要原因，而产业结构对能源强度变动的影响则相对较小，且从影响方向上看，研究区间内的产业结构调整导致了能源强度的增加，这表明这段时间内中国高耗能产业比重在不断上升。齐志新、陈文颖(2006)[88] 基于 1980—2003 年的中国整体能源消费及工业部门能源消费的数据进行 LMDI 因素分解，研究结果表明，技术进步是这段时间整体能源效率及工业部门能源效率增加的主要因素，其他因素对能源效率增加的影响相对较小。李国璋等(2008)[89] 利用 LMDI 方法对 1995—2005 年中国的能源强度进行影响因素分解研究，结果表明，区域内技术进步是对能源强度变动最有影响力的因素。

从现有文献来看,还有一些学者采用其他方法研究中国的二氧化碳排放影响因素。张友国(2010)[90]、郭朝先(2010)[91]分别利用投入产出结构分解法和基于双层嵌套结构式的结构分解法,对中国贸易二氧化碳含量及中国整体二氧化碳排放量的影响因素进行研究。林伯强(2010)[92]通过引入城市化因素对Kaya恒等式进行了修正,并对中国经济增长和能源消费的关系进行了研究,此外还通过协整方法研究了二氧化碳排放量与其他影响因素之间的长期均衡关系。但从整体上看,采用LMDI分解法对中国二氧化碳排放影响因素进行研究仍是主流研究方向,但目前针对中国现阶段经济增长的具体行业展开分析的文献较少,对采掘业的碳排放的相关研究主要集中在案例分析上,如王文娟(2011)[93],以兖矿集团为研究对象进行了煤业集团低碳发展决策的实例研究,在对兖矿集团主要的碳排放元素碳、硫和氟进行元素流分析的基础上,结合环境影响识别和碳源分析,甄别出企业现有产业链中存在的高碳环节。目前尚无针对采掘业整体的碳排放影响因素进行分析的文献。

第三章
我国面临产业节能
与碳减排压力

随着中国几十年的经济高速发展,能源消耗也大幅增加,面对国内能源需求不断增长,国际碳减排的双重压力,中国自身产业也同样面临节能和碳减排的压力。不同的产业由于产业特性不同,能源消耗、碳排放情况不同,节能和碳减排的潜力也不同。在这些内部和外部因素的作用下,不同产业的节能和碳减排潜力具体情况如何?采掘业的节能和碳减排潜力又如何?本章接下来的结构安排如下:

第一节重点分析中国经济发展的阶段性特征,这个特征决定了当前发展面临的产业节能与碳减排的压力。

第二节将对中国现阶段不同产业的能源利用情况进行分析,重点考虑行业特性和能源利用特性,分析不同产业可能存在的节能潜力。

第三节将对中国当前不同产业的碳排放情形进行分析,重点介绍不同产业碳排放的情况和可能存在的碳减排潜力。

第四节是本章小结。

3.1　中国经济增长的阶段性特征 ●●➡

当前,中国正处于城市化和工业化的必经阶段,经济保持高速发展,虽然目前有减速的趋势,但仍会持续高速增长较长时间。1952—2010 年,中国 GDP 的年平均增速为 8.2%,其中1978—2010 年均增速高达 9.9%。而就世界水平来说,1978—2010 年,世界经济的年均增速仅为 2.9%[①]。这说明改革开放至今,中国以年均增速高出世界水平近 6 个百分点的速度保持了多年的高速增长,这一现象被国内外一些学者称为"中国奇迹"(刘瑞翔,2011)[94]。展望未来,中国的城市化和工业化并未完成,必然将继续保持经济增长较长时间。林毅夫(2009)[95]对中国未来经济的增长持积极态度,他认为政府的经济刺激力度将继续激发投资空间,从而继续带动经济增长,中国有可能在2020 年成为世界上最大的经济体。

改革开放以来,中国虽然保持了多年的经济高速发展,但是工业化和城市化的完成还需要一段时间。大多数学者的研究认为,到 2020 年,中国的工业化和城市化进程可以基本完成。在这个阶段,中国仍然需要保持较高的经济增速,以保证城市化和工业化的实现。

3.1.1 中国城市化进程不断加快

城市化也称城镇化。从发达国家的发展历史可以看出,城市

---

① 《中国统计年鉴 2011》.

化是经济发展过程中必须经过的发展阶段。中国历来是个农业
大国,同时也是人口大国,长期以来,农村人口占中国人口比重一
直居高不下。随着工业化进程的加剧,城市化的进程明显加快。
笔者一般采用城镇人口占总人口的比重来衡量城市化水平。
2010 年年末中国城镇人口占总人口的比重为 49.95%,城市人
口接近 6.7 亿。2010 年全部地级及以上城市 287 个,市辖区
400 万人口以上城市 14 座,100 万至 400 万人口城市 110 座①。
而随着中国政府的推动,中国城市化的进程仍然在继续加快。

目前,全球大约有一半人口生活在城市,城市化是一国或一
地区经济由贫困向中等收入转型的一个重要标准。从发达国家
的发展历程来看,发达国家在城市化过程中,城市化率从 20%
到 70%左右的转变同时,产业结构经历了以农业为主向以工业
为主的转变。当城市化完成以后,产业结构转为以第三产业为
主。以 2007 年为例,中国 GDP 占世界总量的 6%左右,而钢材
消费量占世界钢材消耗的 30%以上,水泥消耗占世界水泥消耗
量的 55%。这说明,中国明显正处于城市化进程中。

在 1978 年之前,中国的城市化率一直很低,维持在 17%到
19%的水平。随着改革开放的到来,中小城市快速发展,人口流
动加快,城市需求增加,到 1990 年城市化水平达到 26.41%。之
后,农民工大量进城,大量农村劳动力离开世代居住的乡村进入
城市,逐渐成为市民,随着大城市的不断扩张,更多的农村人涌
入小城市,小城市人口也逐渐转入大城市,城市化进程进一步加
快。1998 年,中国市辖区总人口在 200 万以上的城市有 20 个,
而到 2010 年增至 44 个,翻了 1 倍还多。从 2002 年到 2011 年,
中国城市化率以平均 1.35 个百分点的速度增长,城镇人口平均

---

① 根据《中国统计年鉴 2011》。

每年增加 2 096 万人。到 2011 年年底,中国城市化率已经超过 50%(见表 3-1)。

表 3-1　中国城市化进程

年份	城市化率
1951	17.98%
1978	17.92%
1990	26.41%
2002	39.09%
2003	40.53%
2004	41.76%
2005	42.99%
2006	44.34%
2007	45.89%
2008	46.99%
2009	48.34%
2010	49.95%
2011	51.27%

数据来源:国家统计局:《中国统计年鉴 2011》。

　　城市具有多方面的优势,由于具有完善的基础设施、良好的生活环境等优势,其在工作效率、舒适度等方面大大优于农村的分布式生活方式。同时,城市大力发展服务业,能够提供更多的工作岗位,很大程度上缓解了就业压力。同时,城镇化也是解决三农问题的重要途径,能够很好地推动区域协调发展,扩大内需,促进产业结构升级。

　　2014 年 3 月 16 日,中共中央、国务院印发了《国家新型城镇化规划(2014—2020 年)》,这个规划是今后一个时期指导全国城镇化健康发展的宏观性、战略性、基础性规划。两会期间,国务院总理李克强在《政府工作报告》中提出,城镇化是现代化的必由之路,是破除城乡二元结构的重要依托。今后一个时期,着重解决好现有"三个 1 亿人"问题,促进约 1 亿农业转移人口落户城镇,改造约 1 亿人居住的城镇棚户区和城中村,引导约 1 亿人在中西部地区就近城镇化。从政府的角度,它明确了城市化进程的重要意义,政府决心通过顶层设计进一步推动城市化。

林伯强(2009)[96]认为,城市人口的人均能源消耗是农村人口的 3.5～4 倍,城市化进程的加快将带来更大规模城市的基础设施建设、住房建设等,从而进一步带动水泥和钢材的生产,即使能源效率的提高能够降低部分能源消耗,其总量仍将呈现大幅的增加,以保证经济增长。城市化进程的加快同时意味着能源消耗的增加。城市人口的平均能源消耗远高于农村人口,1 亿人进城将带来更多的能源消耗。经济增长带来城市化,同时也带来更多的能源消耗。中国经济发展目前处于城市化、工业化阶段,电力消费增长率与 GDP 增长率将维持在一个比较高的比例。这种情况在发达国家处于城市化、工业化阶段时也曾经出现过。比如,在工业化阶段,日本和美国的电力消费增长率与 GDP 增长率基本上都是 1∶1 的关系。城市化、工业化阶段的高能源消费增长基本不受资源禀赋不同的影响。尽管日本能源极度匮乏,日本的工业化速度比美国快 3 倍,其工业化阶段的能源消费增长也比美国快了 3 倍多,工业化时间缩短只是意味着能源集中消费,无法回避能源消费的刚性问题。所以,不可避免地,城市化进程也是能源需求刚性增长的历程。

3.1.2 中国工业化进程仍将持续较长时间

一般来说,工业化通常是指工业或第二产业产值在国民生产总值(或国民收入)中比重不断上升的过程,以及工业从业人数占总从业人数比例不断提高的过程。

目前,由于农业现代化水平低、城市化水平低、产业结构层次低、制造业技术水平不高、服务业发展不完善等,中国的工业化还远远未实现。

目前世界上大部分工业国家的工业化是在 19 世纪完成的,主要通过殖民掠夺、能源的大量消耗和环境的严重破坏来完成的,走的是先污染后治理的路子。中国当然不能走这样的老路,所以中国的工业化伴随着对环境问题的事前治理,可能需要更长的时间来完成。工业化没有完成,经济增长就不能大幅减缓,因此,能源消耗增长难以得到控制,碳排放也将继续增加。这个过程必然带来能耗的大幅增加和碳排放的增加,节能减排不可避免地需要考虑工业化的进程,从而将节能减排和工业化联结在了一起。

而采掘业作为工业的一个重要部分,工业化的过程也就是大机器替代劳动力的过程,同时采掘业为工业化提供了能源和矿物原料。采掘业产出的能源被大量消耗,同时自身又消耗了大量的能源,因此,采掘业工业化将带来更多的能源消耗。

3.2　中国现阶段工业能源利用现状 ●●➡

3.2.1 中国能源消费以工业为主

持续的经济增长必将带来持续的能源消耗。中国是全球最大的能源进口国,中国能源消耗的微小变化都会对全球能源市

场产生重大影响。目前中国能源需求增量占国际能源需求增量
一般在40%~60%之间,由于中国经济增长放缓和环境治理问
题的严峻,中国能源需求增长的压力有所减弱。

　　从能源消费总量来看(见图3-1),中国能源消费呈现不断
上升趋势,到2012年能源消费总量达到361 732万吨标准煤。
但是随着政府节能减排政策的实施,其消费增速呈现下降趋势,
增速从最高2004年的16.14%已经下降到2012年的3.95%。

图 3-1　中国历年能源消费总量和增速
数据来源:国家统计局。

　　历史数据表明,从不同产业的能源需求来看,中国能源需求
仍然以工业为主。

　　由图3-2可以看出,工业能源消费总量呈现不断上升的趋
势,且其消耗占全部能源消耗的比重一直保持在70%以上,最
近几年这个比重呈现下降的趋势,说明国家对工业能源消耗的
控制初显成效,产业结构调整有一定效果。到2011年,工业能
源消耗占全部能源消耗的比重下降为70.82%。

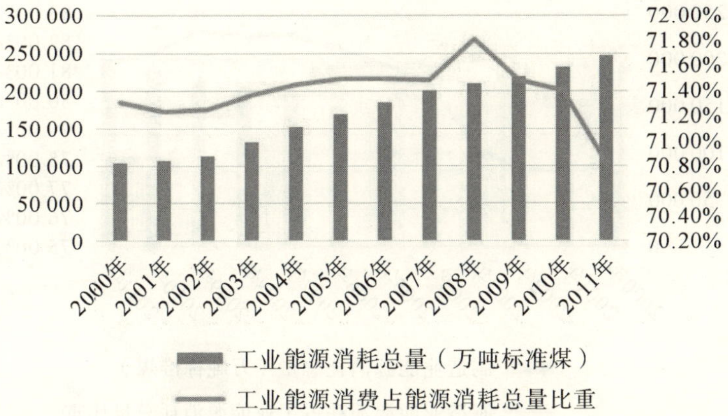

图 3-2　中国工业能源消耗及比重趋势

数据来源:国家统计局。

　　在工业能耗中,制造业的能耗又最为重要,占到工业能耗的 77%以上。由图 3-3 可以看出,制造业的能耗同样呈现逐渐增加的趋势,但是其占工业能耗的比重最近也出现下降。到 2011 年,制造业能耗占工业总能耗的比重下降为 81.32%。

　　而在制造业中,黑色金属冶炼及压延加工业能源消耗占比最多,维持在 20%~30%的水平,且逐年呈上升趋势(见图 3-4)。随着工业能源消耗的不断上升,黑色金属冶炼及压延加工业能源消耗也不断上升,到 2011 年,其能源消耗量达到 58 896.58 万吨标准煤,占制造业能源消耗的 29.39%。

　　而采掘业作为工业中重要的能源资源生产行业,其能源消耗在工业能源消耗中也占有不小的比例。由图 3-5 可以看出,采掘业的能源消耗呈现逐年稳步增加的趋势,其占工业能耗的比例一直保持在 7%以上,且呈现逐年下降趋势,最近几年的比例基本稳定在 8%左右。

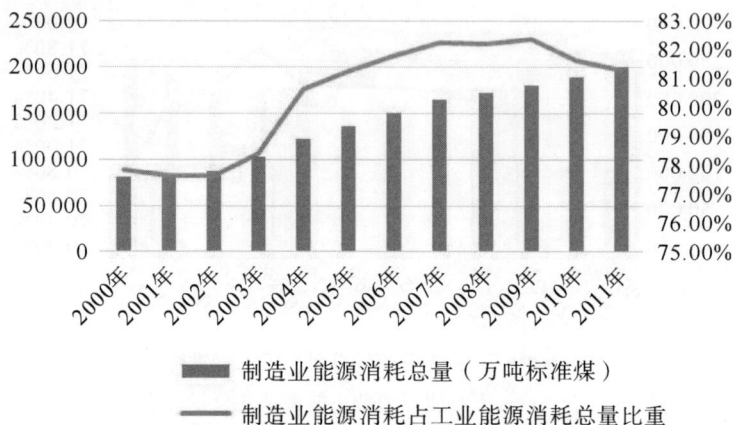

图 3-3　制造业能源消耗及占比趋势图

数据来源：国家统计局。

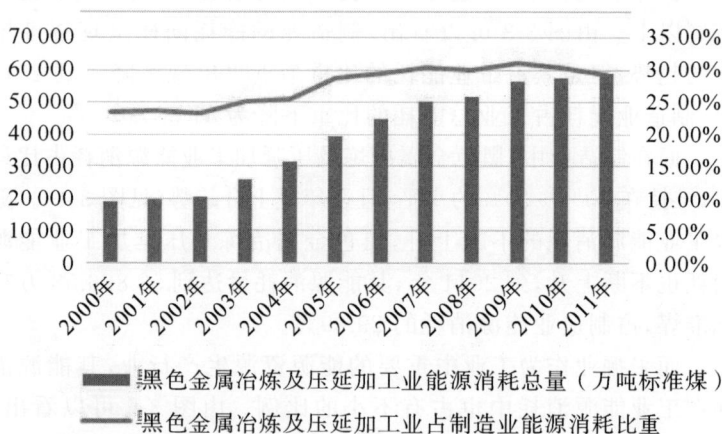

图 3-4　黑色金属冶炼及压延加工业能源消耗及占比趋势图

数据来源：国家统计局。

图 3-5　中国采掘业能源消耗及占比趋势图

数据来源：国家统计局。

3.2.2 不同产业的能源效率差异很大 ⋯⋯⋯⋯⋯⋯⋯⋯⋯

　　在目前的研究中，一般用单位 GDP 的能源消耗衡量能源效率。单位 GDP 的能耗又称为能源强度，能够综合反映一国或者一个地区的能源效率水平。

　　由于工业增加值的缺失，笔者可以用单位工业总产值的能源消耗量作为能源效率的指标进行工业不同行业的对比。中国在"十一五规划"中首次提出了 2010 年单位 GDP 能耗下降 20％的目标，并分解到各个地区。虽然完成得并不顺利，但是这个目标对于不同地区的节能给出了明确的约束，具有很重要的意义。然而，对于不同行业的能源消耗而言，约束目标还没有实施过。通过 2010 年中国工业行业的单位总产值的能耗(图 3-6)可以看出，不同行业的能源效率存在很大不同，非金属矿物制品

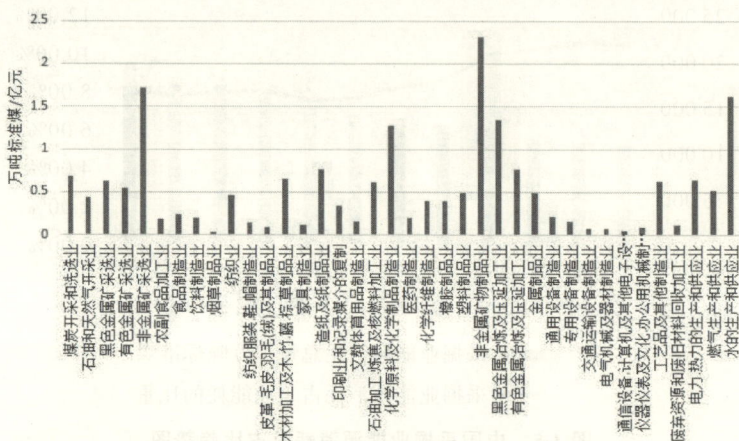

图 3-6 2010 年工业不同行业能源效率的对比

数据来源：中国工业统计年鉴，中国能源统计年鉴。

业的能耗最高，烟草制品业的能耗最低。在采掘业中，能耗最大的是非金属矿采选业，而且笔者可以看出，采掘业整体能耗较高，超过大部分的工业行业。较大的能耗差别虽然不能完全反映能源效率，但是，由于行业特征不同，影响因素不同，能源效率存在很大的不同，这也意味着不同行业的节能潜力不同。因此，制定节能目标必须考虑行业特征，根据行业不同制定不同的节能目标，这也是本书研究采掘业的重要目的之一。

3.2.3 中国能源结构以煤为主

中国能源消耗量中煤炭一直占有较高的比重，而随着石油和天然气资源的可采量越来越少，低廉的价格将使得煤炭的开采和使用仍持续较长时间。

从历史数据来看,中国煤炭消费量一直处于上升阶段,这跟中国所处的城市化工业化的阶段是分不开的,同时由于煤炭价格的相对低廉,以煤为主的能源结构将持续相当长的一段时间。煤炭消耗比重最高的时候在 2006 年,达到 71.1％,之后,随着国家节能减排政策的实施,煤炭消耗比逐年下降,最近几年的降幅更为明显,2012 年的煤炭消耗比重降到 66.6％。但是中国以煤为主的能源结构仍将持续较长时间(见图 3-7)。

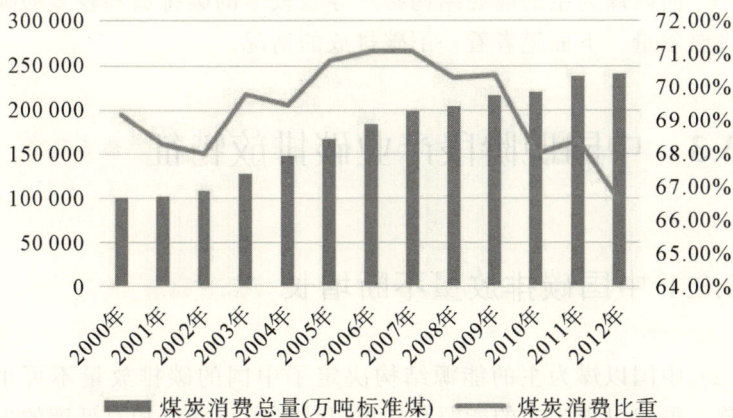

图 3-7 中国历年煤炭消费量及煤炭消费占能源消费总量比重
数据来源:国家统计局统计年鉴。

中国以煤为主的能源结构是有其自身和外部原因的。首先,是由中国的自然资源禀赋决定的。从全球分布来看,中国的煤炭资源占到全球的 13.3％(BP,2011),石油与天然气总共才占到 2.6％,多煤少油的资源禀赋决定了中国在发展初期必然选择煤炭作为基本能源,来实现经济的增长和转型。但是笔者也看到,美国同样具有丰富的煤炭资源,其煤炭占到全球的27.6％,

却没有选择煤炭作为主要能源,这主要是由于美国经过了经济快速发展的阶段,有机会选择相对清洁的能源和保护本国的能源资源。同时,笔者应该看到,煤炭相对低廉的价格才是中国选择煤炭作为基础能源的最根本原因(林伯强和孙传旺,2011)[97]。要保持经济增长,维持过低的煤炭价格,无疑会导致更多的煤炭消耗和更多的环境问题,最近频繁出现的雾霾天气便是其后果之一。

而以煤为主的能源结构必然导致较多的碳排放和较多的碳排放增量。下面笔者看一下碳排放的情况。

3.3   中国现阶段产业碳排放特征 ●●➡

3.3.1 中国碳排放量不断增长

中国以煤为主的能源结构决定了中国的碳排放量不可小觑。虽然以煤为主的能源结构可以让中国可能以相对低廉的价格保证城市化与工业化进程的顺利进行,但相比其他一次能源,单位热值煤炭的碳排放量是最多的。随着二氧化碳对气候变化的影响受到越来越多的关注,碳排放问题的严峻性也越来越值得深入研究。同时碳排放是全球性的,政府间气候变化专门委员会(IPCC)的《第四次评估报告》(2007)表明,近百年来,大气中的二氧化碳浓度上升了近 30%,全球平均地面温度上升了0.74℃。低碳全球化的到来使得中国碳排放承担了越来越大的压力。从历史数据来看,中国碳排放呈现逐年增加的趋势,并且从 2002 年以后,随着经济的发展和能源需求的增加,碳排放增长趋势更为明显。而碳排放占世界碳排放的比重,也从 2002 年的 14.66％,增长到 2011 年的 26.38％(见图 3-8)。

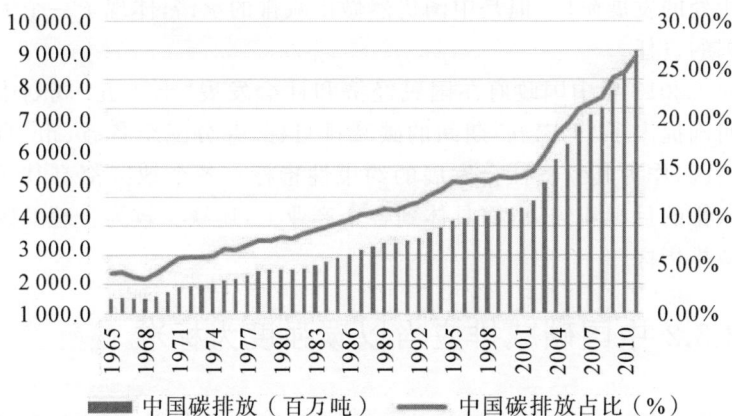

图 3-8　中国碳排放量和碳排放比重趋势图

数据来源:BP Statistical Review of World Energy June 2012。

　　根据《BP 世界能源统计 2012》的数据,从世界主要国家 2011 年二氧化碳排放量的分布上看,中国约占据了全球排放总量的 26.4％,美国为 17.7％,韩国为 2.2％,日本为 3.8％,德国为 2.4％,英国为 1.5％。虽然总量巨大,但是中国的人均排放量并不高,仅是美国水平的 31％,韩国的 40％,日本水平的 60％,德国水平的 61％,英国水平的 70％。所以,中国虽然二氧化碳排放总量很大,但是考虑到人口和发展阶段,碳排放增长有其合理性。

　　累计世界主要国家从 1965 年至 2000 年的二氧化碳排放量,中国仅占全球排放的 9.5％,而美国、日本、德国等国分别占到 26.5％、5.2％与 5.2％。即使算上中国城市化与重工化最快的 10 年,1965 年至 2010 年中国的碳排放也仅占到全球的 12.7%,而美国占到 25.0%。中国的碳排放增长符合中国当前所处的发展阶段,但是中国仍然做出减排的承诺,体现了一个大国的责任。

2011 年中国政府在国民经济和社会发展"十二五"规划中明确提出了"十二五"期间的碳减排目标,并分配至各省、市、自治区,作为其经济社会发展的约束性指标。各个地区都有其碳减排的目标和约束,而具体到各个产业上,还缺少较为合理的碳减排指标。

3.3.2 中国碳减排应当以碳强度为标准

中国在改革开放后的头 20 年,二氧化碳排放量仅上升了 1.1 倍,平均每年以 3.8% 的速度增加,排放增长的速度小于同期经济增长的速度。从 2000 年开始,工业化与城市化进程加快,能源需求的增加直接导致了二氧化碳排放量的大幅度上涨,平均每年达到 10.2% 的增速。2009 年,中国政府提出到 2020 年单位国内生产总值二氧化碳排放(即碳强度)比 2005 年下降 40% 至 45%。2011 年中国政府发布了"十二五"规划纲要,其中对"十二五"的碳强度目标也做了明确的要求,即 2015 年年末碳强度较 2010 年年末下降 17%,同能源强度指标一样,该指标符合中国当前发展阶段的经济发展和环境要求,符合中国的国情。

2012 年 1 月,在国务院关于印发"十二五"控制温室气体排放工作方案的通知中,进一步明确分配了"十二五"各地区单位国内生产总值二氧化碳排放下降指标。中央政府不断在重要会议上强调单位国内生产总值二氧化碳排放目标,并进一步落实到各地方,让地方政府严格遵守中央政府的强制性约束目标的要求,体现了中国中央政府采取切实减排行动的决心。

单位国内生产总值二氧化碳排放,即碳强度,计算方法为一国一定时期内二氧化碳排放量与单位 GDP 的比值(林伯强,2011)[97]。

目前,中国对世界的承诺是负责任的,中国在 2011 年表示愿意接受 2020 年后的量化减排协议,但是目前来看这需要考虑中国的发展阶段,是有条件地接受减排协议。考虑中国的经济增长,当前的碳强度指标对中国是合理的,且对世界是负责任的。

同时,由于能源消耗结构、技术水平、产业规模等因素,不同产业的碳排放具有很大差异,也导致了不同产业的碳减排潜力不同。一般认为,高耗能产业、能源结构越不清洁的产业,碳排量越大,碳减排潜力也越大。因此,对于不同的行业,笔者应当制定不同的碳排放约束和目标,研究行业特征,实现更为合理的碳减排。

3.4 本章小结 ●●➡

本章内容分析了中国目前面临的产业节能和碳减排压力,从经济增长、工业化和城市化入手,分析认为中国目前由于处于特定的经济发展阶段,对节能和碳减排必须考虑当前的国情。中国还没有完成工业化和城市化,在这个阶段,经济发展速度仍然较快,且有必要保持这种速度。中国的城市化进程将加快,同时工业化仍将持续较长时间。而中国的能源消耗中,工业消耗仍然占到 70% 以上,工业各产业的能源利用情况也存在较大差异,影响各产业能源消耗的因素也不尽相同。但是整体来看,中国能源消耗以煤为主的趋势在短期不会改变,从而碳排放不断增加的趋势也将持续。考虑到中国的工业化、城市化,要保持经济增长,碳减排应该以碳强度为标准,针对不同的产业制定合理的碳减排目标,从而保证经济增长的同时,达到实现节能减排的目的。

第四章
中国采掘业产业
发展现状

目前来看,中国采掘业的市场化程度并不高,由于资金和技术等原因,大部分行业由几个大公司高度垄断。在中国采掘业企业中,主营业务收入排名前三的公司分别是中国石化、中国石油和中国神华。他们普遍实行寡头垄断,竞争程度低,价格大部分由政府定价,受供求影响小,具有在价格和交易额上的垄断能力。从行业生命周期来看,由于资源的有限性和稀缺性,其产量不断减少,竞争力削弱,处于衰退阶段。上游企业相对处于优势地位,煤炭、石油等能源产品整体上价格不断上涨,致使下游企业成本加大,资金周转困难,环境恶化,对上游产品的需求不断增加,竞争激烈。由于政策倾斜和垄断经营,采掘业企业整体来看都处于盈利状态,但随着市场化的不断推进及资源稀缺性的增强,未来发展形势并不乐观。

在中国采掘业的管理上,1986年3月19日,我国第六届全国人民代表大会常务委员会第十五次会议通过了《中华人民共和国矿产资源法》,为发展矿业及加强矿产资源的勘查、开发利用和保护工作提供了法律保障。在之后中国经济发展的近30年中,这部法律为中国采掘业的发展提供了基本的法律保障。

4.1 采掘业定义和种类的划分 ●●➡

本章对采掘业的基本情况做了描述。采掘业（extractive industry）是从自然界直接开采各种原料、燃料的工业部门总称[98]。按照国家统计局的界定，采掘业包括煤炭采选业、石油天然气开采业、黑色金属矿采选业、有色金属矿采选业、非金属矿采选业和其他采矿业。采掘业又可以划分为固体矿、液体矿及气体矿藏的开采和洗选[99]。

按照国家统计局的划分，采掘业属于第二产业。但是，笔者认为，考虑到采掘业的重要性和其行业的特殊情况，应该实行专门的行业管理政策。改革开放以来，中国早期的原始资本积累主要是靠较低的土地使用成本、较低的劳动报酬和资源的无偿使用实现的。在这个阶段，农业、林业、矿业这些初级产业对经济的增长做出了很大的贡献。然而，目前来看，农业和林业作为第一产业，享受了国家的很多优惠政策。而采掘业一直被作为第二产业进行管理，比较而言失去了很多优势。同样，作为初级产业，采掘业没有享受到应有的政策红利，这成为采掘业综合开发和可持续发展的不利因素之一。因此，其行业划分的合理性值得进一步研究。本书主要研究采掘业的能源消耗和碳排放，故不深入阐述。

采掘业的特点包括：以自然界的天然物质为劳动对象，其产品是制造业必需的原材料；建设周期长，投资大，产品运输量大；矿产资源有限。发展采掘工业必须考虑其资源、储量、品位、贮存条件及其分布、国家急需程度、所处的交通地理位置，以决定其合理的开采规模、年限和开发时序。采掘业的重要性在于，其为其他行业提供原材料和燃料,是能源的主要供应者。本书研究的采掘业包括煤炭开采和洗选业、石油和天然气开采业、黑色金属矿采选业、有色金属矿采选业、非金属矿采选业和其他采掘业[①](见表 4-1)。采掘业是一次能源产出的重要行业,同时也是能源消耗的重要行业,根据 1985 年至今的历史统计数据,其历年能源消耗占到我国全部能源消耗的 5%~8%,最高的时候达到8.14%。

表 4-1 采掘业行业分类法

大 类	中 类	小 类
煤炭采选业		煤炭开采业
		煤炭洗选业
石油和天然气开采业		天然原油开采业
		天然气开采业
		油页岩开采业
黑色金属矿产采选业	铁矿采选业	铁矿采选业
	其他黑色金属矿采选业	锰矿采选业
		铬矿采选业

---

① 根据国家统计局对采掘业的分类。

续表

大　类	中　类	小　类
有色金属矿产采选业	重有色金属矿采选业	铜矿采选业
		铅锌矿采选业
		镍钴矿采选业
		锡矿采选业
		汞矿采选业
		其他重有色金属矿采选业
	轻有色金属矿采选业	铝矿采选业
		镁矿采选业
		其他轻有色金属采选业
	贵金属矿采选业	金矿采选业
		银矿采选业
		其他贵金属矿采选业
非金属矿采选业	土砂石开采业	石灰石开采业
		建筑装饰用石开采业
		其他土砂石开采业
	化学矿采选业	
	采盐业	
	其他非金属矿采选业	
其他矿采选业		
木材及竹材采选业		

参考资料:薛丹.采掘业产业集群集聚度的均衡水平测度分析[D].辽宁工程技术大学硕士论文,2011.

　　根据采掘业各细分行业历年工业总产值的趋势图(见图 4-1)可以看出,采掘业中各产业产值的差距在逐步拉大,在 2007 年之前,石油和天然气开采业一直占据采掘业的最大产出地位,然而,随着石油资源的大量开发和中国电力需求的快速增加,煤炭

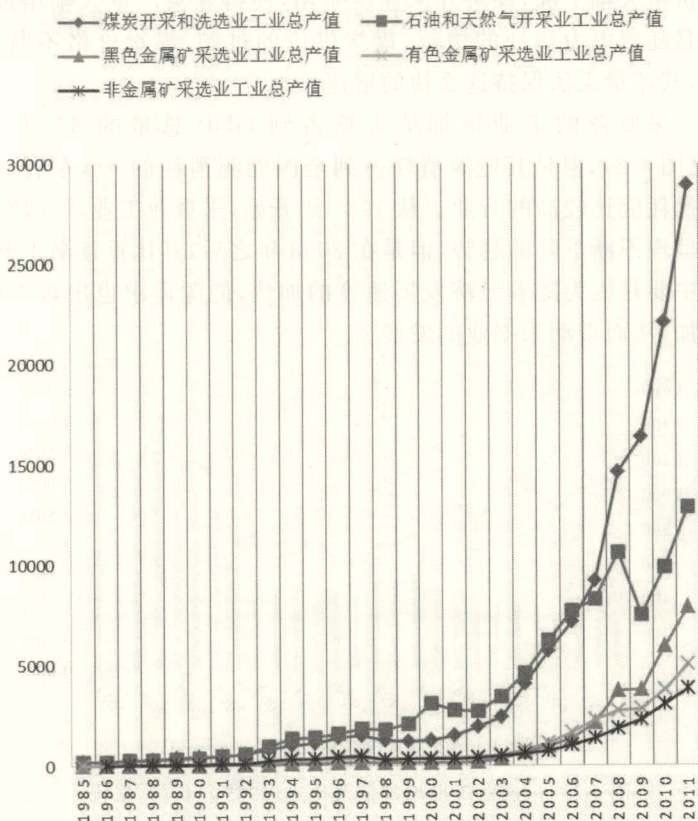

图 4-1　采掘业各细分行业工业总产值历年变化(当年价格,亿元)
数据来源:CEIC 及工业统计年鉴。

开采业的产值在 2007 年超过石油和天然气开采业,并且呈现快速增长情形,到 2011 年的产值达到 28 919.8 亿元,与 2008 年相比,短短 3 年翻了近 1 倍。这反映了中国所处的城市化和工业化阶段的特征,煤炭需求大幅增加,十一五末期的软缺电造成煤炭价格大幅上涨,煤炭开采速度暴增,使得煤炭产量大幅增加。但是随着电力短缺的缓解,煤炭供应的过剩,煤炭价格不断下降,其产量无法保持这么快的增速。

采掘业的工业增加值大概占到 GDP 总量的 3% 左右(见图 4-2),但是其能源消耗占到全国能源消耗的 6% 左右,因此是耗能比较高的行业。从 1985 年开始,采掘业工业增加值比重呈现不断下降的趋势,但是在 2003 年之后,其比重逐渐上升,这主要是因为随着经济发展速度的加快,能源需求也出现大幅增加,从而带动采掘业的发展。

图 4-2　采掘业工业增加值及比重(**1985 年价格,亿元**)
数据来源:CEIC 及中国统计年鉴。

4.2 中国采掘业市场现状 ●●➡

2013 年全国煤炭消费量达到 36.1 亿吨,煤炭占能源消费总量的比重约为 70％,长期以来一直是中国最重要的一次能源。

从能源工业投资的角度来看,煤炭采选业的投资一直处于不断增加的阶段,并且其投资占能源工业投资的比重也不断上升,从 2000 年的 5.3％,增加到 2012 年的 21.06％,2012 年的投资总额达到 5 370.24 亿元。2011 年到 2012 年的投资占比有所下降,最高的 2011 年时其比例达到 21.29％(见图 4-3)。

■ 煤炭采选业投资(亿元)

── 煤炭采选业投资占能源工业投资比重

图 4-3 煤炭采选业的投资及比重

数据来源:国家统计局

煤炭开采企业主营业务收入排名前三的企业包括中国神华、中煤能源和冀中能源。煤炭开采业由于产品具有同质性和替代性,属于不完全竞争行业,经济下行会带来电力需求减少,从而使得煤炭需求减少,煤炭价格下降会带来竞争程度加剧;若经济增速加快,则会使得电力需求增加,带动煤炭需求增加,从而使得煤炭价格上涨,形成卖方市场。煤炭开采业受经济形势影响很大。由于资源的稀缺性及环境气候变化的压力,它处于行业生命周期的衰退阶段。

煤炭资源税的改革。资源税是以自然资源为征税对象的税种。煤炭资源税一直实行从量定额计征的办法,局限性很大,严重扭曲了煤炭价格,同时,导致间接交易成本高,从量计征的资源税的作用几乎可以忽略。一般认为,价格较低的时候是进行改革最好的时机。经历了煤炭价格冲高回落,当前的煤炭价格对于改革的优势已经非常明显。而对于税率的确定,大部分研究普遍认为5%左右比较合理,地方政府应当对当前对煤炭企业征收的各种基金和费用进行清理,这样看来,这些清理的基金和费用超过5%,煤炭资源税的改革对于企业才容易接受。

我国的油区主要集中在东北、山东和四川等地,随着资源的消耗,部分油区资源已经逐渐萎缩,产量和储量也在逐渐减少。

石油和天然气开采业的投资总额呈现逐年增加的趋势,但是最近几年的投资增幅已经非常小,2012年的投资为3 076.51亿元。和煤炭开采业相反,石油和天然气开采业的投资占能源工业总投资的比重不断下降,从2001年的最高21.21%到2012年的12.06%(见图4-4)。这反映出石油和天然气开采业所能发展的空间越来越小,资源的有限性正在逐渐体现出来。

中国石油和天然气业主营业务收入前三的企业包括中国石化、中国石油和中海油服。整体行业属于寡头垄断,几大寡头在价格和交易方面有垄断能力,阻止中小企业进入,竞争并不激烈,处于行业生命周期的稳定阶段,产品技术相对成熟。由于资源的稀缺性,上游油气资源逐渐不足,国际油价不断上涨,成品

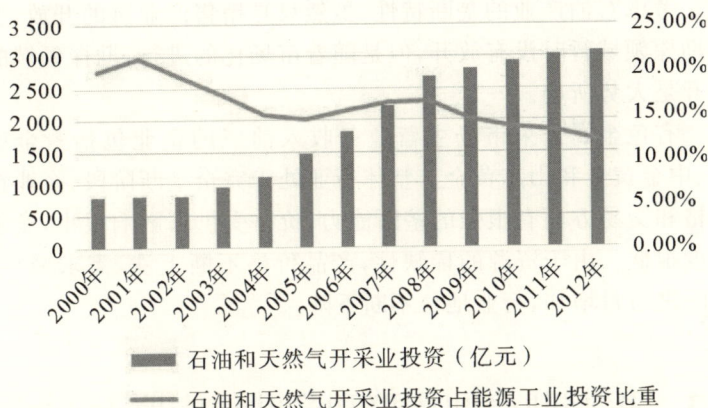

图 4-4 石油和天然气开采业投资及比重

数据来源:国家统计局

油价格上涨,企业不断向海外进行收购。

按照加油站的数量统计,中石化是目前世界第二大、中国最大的成品油供应商。数据显示,截至 2013 年年底,中石化销售业务板块拥有自营加油(气)站 30 532 座。在经营量上,中石化 2013 年境内成品油经营量持续增长至 1.65 亿吨,同比增长3.8%,零售量 1.14 亿吨[100]。中石化成品油销售具有较强的盈利能力和较高的资产回报率。年报显示,2012 年的成品油销售及分销板块经营收益 427 亿元。

石油行业的混合所有制改革。2013 年 2 月 19 日,中国石化发布公告:公司全体董事审议并一致通过了《启动中国石化销售业务重组、引入社会和民营资本实现混合所有制经营的议案》。这个议案的目标在于,销售业务板块引入社会和民营资本参股,实现混合所有制经营,目前具体规定社会和民营资本持股比例不得超过 30%。在垄断的石油行业,中石化率先发起了改革。考虑石油产业的垄断特性,虽然只是销售产业链的开放,上游勘探领域暂时没有放开,但是随着市场化的进行,勘探领域的放开是大势所趋。

有色金属开采市场主营业务收入前三的企业包括紫金矿业、中金黄金和山东黄金。整体行业处于完全垄断阶段,企业在价格和交易方面有很强的垄断能力,价格受供求影响很小,竞争程度很低。由于资源的稀缺性,产品价格不断上涨,需求减少,同时进口量增加,行业地位不断下降。

4.3 采掘业产业集群和产业集中度 ●●➡

采掘业的主要对象是自然资源。我国幅员辽阔,自然资源分布很不均匀,中西部地区各种资源、能源丰富,东部地区资源匮乏。由于国家采取部分地区优先的发展战略,同时受到不同的地理、气候等因素影响,中西部地区的资源优势并未能够充分发挥,中西部地区有很好的发展采掘业产业集群的自然条件。

Rosenfeld 认为,产业集群[①]是为了共享专业化的基础设施、劳动力市场和服务,同时共同面对机遇、挑战和危机,从而建立积极的商业交易、交流和对话的渠道,在地理上有界限而又集中的一些相似、相关、互为补充的企业。

目前我国采掘业产业集群的发展已经取得了一定成效,大致分布为:四川、内蒙古、新疆等地初步形成煤炭开采和洗选业集群,四川、重庆、陕西、新疆基本形成了天然气开采及加工业集

---

① 产业集群概念最早由 Porter 在《国家竞争优势》一书中提出,指在某一特定领域内,相互联系的、在地理上集中的公司和机构的集合。

群。但是我国采掘行业的产业集群还处于初级发展阶段,产业结构非常单一,供应链形式缺乏多样性和活力,集群内成员的关系主要体现在自然资源的供应上,缺少与其他产业和服务机构间的横向和纵向合作。此外,集群相对比较封闭,能源行业产业集群更是存在产业链不完善、科技水平低、资源开发浪费严重等问题[99]。

随着全球企业跨国并购重组活动的日益频繁,在采掘业的发展过程中,行业集中度也在明显提高。比如,在金属矿产领域,2006 年,全球十大企业控制了所有非能源矿产总价值的33％,而在 1995 年,这一比例仅有 26％;1995—2005 年,石油和天然气行业前 25 家企业的行业集中度由 59％上升到 63％[101]。产业集中度的提高为采掘业充分发挥资金和规模优势,提高自身技术带来了机遇,使得采掘业在最近几年获得飞速发展。

4.4 采掘业对环境的影响 ●●➡

采掘业属于重污染行业。在我国,由于历史的因素,多数采掘业在生产建设时急于开发,走上了先污染后治理的路子,忽视环保问题。改革开放以来,国家对迅猛发展的小型采矿项目又疏于管理,更加剧破坏了矿区的生态环境。由于采掘业企业多,规模小,分布广,造成的环境影响越来越大,已成为我国重要的污染源。我国采掘业在取得巨大成就的同时,开发矿产资源对环境的负面影响也在与日俱增,采掘业环境的形势日趋严峻,已成为制约我国经济和社会可持续发展的重要因素之一。

采掘业的很多建设项目对环境造成破坏,占用土地资源量大、工艺复杂、运营期长、污染物排放点多。由于采掘业排放的污染物种类较多,包括废水、废气、废渣、噪声等多种直接污染源,还有很多潜在的难以估计的隐形生态污染等。

随着气候变化问题越来越严峻,碳减排的压力已经成为普遍的共识。

采矿会产生很多废弃物,主要废物是石块和加工残渣。这些可能产生有毒重金属、酸性矿坑水、氰化物和其他化学品,影响所有生命。大型矿井产生的这类物质成千上万吨,必须在相应的设施中妥善储存。来自石油和天然气开采的主要废料是钻屑、钻井液和油田采出水,而这些废弃物含有碳氢化合物、金属和其他有毒化学物质,会沉积到海里,对海洋生命产生非常大的影响。

在降雨丰富和地震活动带的矿井面临着最大的环境和安全隐患、技术挑战和处理废石、残渣的成本。酸性矿坑水如果管理不当,会对历史珍贵遗产造成破坏。废水和相关的排放通常表明产品或者收益的损失,同时也在消耗自然资源。而非常规的泄漏会破坏环境,带来健康和安全风险,同时会影响公司的经营和声誉稳定性。

煤炭资源的开采对地表水和地下水系统会造成不可避免的破坏。根据统计分析,每挖 1 吨煤约损耗 2.48 吨水,按年产 35 亿吨煤(2011 年年产 35.16 亿吨煤炭[①])计算,每年需要 86 亿吨水资源。同时,我国煤矿每年产生的废水约占全国总废水的 25%,是重要的废水排放产业之一。煤矿大面积地下开采使得煤系层遭到破坏,导致地下水渗漏至矿井,作为矿井水被排出,而这些矿井水的净化利用率不足 20%,造成了水资源浪费和生态环境的破坏。

① 根据国家统计局数据。

煤矿粉尘对人体造成了很大危害。煤炭在开采、加工、储运和消费的过程中会产生大量的粉尘,对矿区环境和周围环境造成粉尘污染。数据显示,2006 年全国铁路运煤量为 13.7864 亿吨,经公路运输或中转运输到铁路的煤炭量达到 12 亿吨,经公路运输直达用户的为 10 亿吨,煤场装卸造成扬尘,致使煤炭损失 0.3%,公路运输损失 0.8%,铁路运输损失 0.6%,假设运输按 0.5% 的煤尘计算,因运输向环境中排放的煤尘达 1.2 亿吨,对环境的污染危害可想而知。据世界银行估计,中国空气和水污染造成的经济损失,可以占到 GDP 的 3% ~ 8%。而实际造成的损失远远高于这个数字,其对人体的危害很难用数字衡量。最近几年出现的雾霾便是最明显的例子。

第五章
中国采掘业的
投入产出分析

投入产出法是一种研究经济联系的数量分析方法，它通过编制投入产出表来综合地研究国民经济各部门"投入"与"产出"的数量平衡关系[102]。本章通过分析采掘业各具体行业对其他行业投入产出和能源消耗的分析，研究采掘业在整个能源体系中的重要地位。

本章将对中国采掘业的几个细分行业进行投入产出和能源消耗影响的分析。本章安排如下：

第一节分析采掘业产出对其他行业的影响；

第二节分析采掘业产出变化对其他行业能源消耗的影响；

第三节是本章小结。

5.1 投入产出分析的理论基础

投入产出分析法最初是由经济学家里昂惕夫（Wassily Leontief[103]）在 20 世纪 30 年代提出的一种经济数量分析方法，投入产出分析在投入产出表的基础上完成。

　　投入产出表是根据国民经济各部门生产的投入来源和产品分配去向,像棋盘似的排列而成的一张平衡表,它充分揭示了国民经济各部门之间的技术联系和经济联系。

　　投入产出表的分配平衡方程组:部门总产品等于各生产部门为其他部门(包括本部门)提供的中间产品和为社会提供的最终产品之和减去进口。

$$
\begin{cases}
x_{11}+x_{12}+\cdots+x_{1n}+Y'_1-M_1=X_1 \\
x_{21}+x_{22}+\cdots+x_{2n}+Y'_2-M_2=X_2 \\
\vdots \\
x_{n1}+x_{n2}+\cdots+x_{nn}+Y'_n-M_n=X_n
\end{cases}
\tag{5-1}
$$

　　投入产出表的消耗平衡方程组:各生产部门的中间投入加最初投入等于该部门的总投入。

$$
\begin{cases}
x_{11}+x_{21}+\cdots x_{n1}+G_1=X_1 \\
x_{12}+x_{22}+\cdots x_{n2}+G_2=X_2 \\
\vdots \\
x_{1n}+x_{2n}+\cdots x_{nn}+G_n=X_n
\end{cases}
\tag{5-2}
$$

　　同时,第Ⅰ、Ⅱ象限之和等于第Ⅰ、Ⅲ象限之和,即部门总产出等于部门总投入。

$$
\sum_{j=1}^{n} X_{ij}+Y'_{ij}-M_i = \sum_{j=1}^{n} X_{ij}+G_j \quad (i=j=1,2,\cdots,n)
\tag{5-3}
$$

　　第Ⅱ象限总量等于第Ⅲ象限总量,即在一定时期内,全社会的国内生产总值的使用额与生产额相等。

$$
\sum_{i=1}^{n} Y'_i - \sum_{i=1}^{n} M_i = \sum_{j=1}^{n} G_j
\tag{5-4}
$$

直接消耗系数是指第 j 部门生产单位产品所直接消耗的第 i 部门产品或服务的数量,其计算方法是用第 j 部门生产经营中所消耗的第 i 部门产品或服务的数量除以第 j 部门的总投入。

$$a_{ij} = \frac{x_{ij}}{X_j} \tag{5-5}$$

全部直接消耗系数组成的矩阵称为直接消耗系数矩阵:

$$A = \begin{cases} a_{11} & a_{12} & \cdots & a_n \\ a_{21} & a_{22} & \cdots & a_{2n} \\ & & \vdots & \\ a_{n1} & a_{n2} & \cdots & a_{nn} \end{cases} \tag{5-6}$$

投入产出表分为实物型投入产出表和价值型投入产出表两种,两种表的直接消耗系数所反映的问题有所不同。对于用实物量计算的直接消耗系数,由于其仅受生产技术的影响,因而直接消耗系数反映的是各类产品在生产过程中的技术联系;对于用价值量计算的直接消耗系数,由于其还包含了价格等经济因素,因而,它除了受技术条件的影响外,还受产品或服务的价格以及产品部门内部的结构等因素的影响,所以,直接消耗系数反映的是各部门之间的技术经济联系。

本章将通过对采掘业的投入产出分析,研究其对其他产业投入产出的影响和能源消耗的影响,对采掘业能源消耗的重要性做出阐释。

5.2 采掘业产出对其他行业的影响 ●●■➤

由前文可知,直接消耗系数是每生产单位数量的某产品消耗的另一产品的数量。笔者研究每生产单位产品消耗的采掘业产品的数量,将采掘业分为煤炭开采和洗选业、石油和天然气开采业、非金属矿及其他矿采选业、黑色金属矿采选业和有色金属矿采选业分别分析。本章基于中国 2010 年 65 个部门的投入产出表的数据进行计算分析(见表 5-1)。

表 5-1　煤炭开采和洗选业的单位产出需要其他行业产品的消耗量

行　业	消耗系数	行　业	消耗系数
交通运输及仓储业	0.047563	房地产业	0.001208
钢压延加工业	0.036994	建筑业	0.001199
通用设备制造业	0.033260	铁路运输设备制造业	0.001184
电力、热力的生产和供应业	0.032950	电子元器件制造业	0.001157
专用设备制造业	0.021896	水利、环境和公共设施管理业	0.001086
金属制品业	0.019006	造纸、印刷	0.000880
金融业	0.018454	基础化学原料	0.000867
专用化学产品制造业	0.012858	教育	0.000754
住宿和餐饮业	0.011188	家用电力和非电力器具制造业	0.000679
石油加工、炼焦及核燃料加工业	0.011121	水的生产和供应业	0.000664
电气设备	0.010354	输配电及控制设备制造业	0.000608
非金属矿物制品业	0.009942	合成材料制造业	0.000436
批发和零售业	0.009923	燃气生产和供应业	0.000396
综合技术服务业	0.008229	非金属矿及其他矿采选	0.000371
木材加工及家具制造业	0.007530	其他交通运输设备制造业	0.000356
农林牧渔业	0.007264	电子计算机制造业	0.000322

续表

行　业	消耗系数	行　业	消耗系数
居民服务和其他服务业	0.006613	邮政业	0.000251
塑料、橡胶制品	0.005995	文教体育用品制造业	0.000223
汽车制造业	0.005720	公共管理和社会组织	0.000209
仪器仪表制造业	0.005253	纺织材料加工业	0.000140
租赁和商务服务业	0.004824	纺织、针织制成品制造业	0.000128
工艺品及其他制造业（含废品废料）	0.003583	食品及酒精饮料	0.000106
其他电气机械及器材制造业	0.003455	文化、办公用机械制造业	0.000075
纺织服装、鞋、帽制造业	0.003286	通信设备及雷达制造业	0.000075
有色金属冶炼及压延业	0.002732	家用视听设备制造业	0.000019
信息传输、计算机服务和软件业	0.002536	皮革、毛皮、羽毛（绒）及其制品业	0.000018
卫生、社会保障和社会福利业	0.002049	石油和天然气开采业	0.000000
黑色金属冶炼	0.001679	黑色金属矿采选业	0.000000
烟草制品业	0.001527	有色金属矿采选业	0.000000
其他化学制品	0.001487	肥料、农药	0.000000
文化、体育和娱乐业	0.001286	船舶及浮动装置制造业	0.000000
研究与试验发展业	0.001275	其他电子设备制造业	0.000000

资料来源：作者制表。

直接消耗系数代表每生产一单位的其他行业的产品所消耗的煤炭开采和洗选业的数量，由表 5-1 可以看出，投入煤炭开采和洗选业最大的是交通运输及仓储业，产出 1 个单位煤炭开采和洗选业的产品，需要消耗交通运输及仓储业的数量达到

0.047单位。这主要是由于煤炭的开采需要大规模的运输。其次是钢压延加工业、通用设备制造业、电力、热力的生产和供应业等。整体来看,煤炭开采和洗选业消耗的其他行业产品比例并不大,但是由于整个行业产值较大,对其他行业的需要的绝对值也较大。其他产业的产出均对煤炭开采和洗选业的生产产生了影响,无论通过上下游产品的生产还是同类产品的竞争,在中国这个越来越开放,经济发展水平越来越高,社会分工越来越细的国家,产业间的影响必将进一步加深。

由表 5-2 可以看出,投入石油和天然气开采业最大的是电力、热力的生产和供应业,产出 1 个单位石油和天然气开采业的产品,需要消耗电力、热力的生产和供应业的数量达到 0.067 个单位。随着电气化生产的加快,其对电力等的需求不断增加。其次是专用设备制造业、钢压延加工业、石油加工、炼焦及核燃料加工业等。整体来看,石油和天然气开采业消耗的其他行业产品比例比煤炭开采和洗选业要大,其对其他行业具有较大的影响。

表 5-2　石油和天然气开采业单位产出需要其他行业产品的消耗量

行　业	消耗系数	行　业	消耗系数
电力、热力的生产和供应业	0.067958	船舶及浮动装置制造业	0.001158
专用设备制造业	0.046935	燃气生产和供应业	0.001148
钢压延加工业	0.043299	建筑业	0.001051
石油加工、炼焦及核燃料加工业	0.035012	文化、体育和娱乐业	0.000891
通用设备制造业	0.030072	黑色金属冶炼	0.000821
专用化学产品制造业	0.018190	水利、环境和公共设施管理业	0.000758
交通运输及仓储业	0.018041	水的生产和供应业	0.000730

续表

行　业	消耗系数	行　业	消耗系数
仪器仪表制造业	0.011314	铁路运输设备制造业	0.000699
综合技术服务业	0.010484	电子元器件制造业	0.000693
基础化学原料	0.008824	纺织、针织制成品制造业	0.000643
非金属矿物制品业	0.008609	输配电及控制设备制造业	0.000574
批发和零售业	0.008529	非金属矿及其他矿采选业	0.000488
住宿和餐饮业	0.008259	食品及酒精饮料	0.000479
煤炭开采和洗选业	0.007967	房地产业	0.000416
金融业	0.007628	其他交通运输设备制造业	0.000375
金属制品业	0.007144	卫生、社会保障和社会福利业	0.000333
汽车制造业	0.004103	电子计算机制造业	0.000309
木材加工及家具制造业	0.003538	文教体育用品制造业	0.000295
居民服务和其他服务业	0.003476	公共管理和社会组织	0.000282
纺织服装、鞋、帽制造业	0.003131	合成材料制造业	0.000225
电气设备	0.003036	通信设备及雷达制造业	0.000184
家用电力和非电力器具制造业	0.002825	教育	0.000172
塑料、橡胶制品	0.002781	皮革、毛皮、羽毛(绒)及其制品业	0.000157
其他电气机械及器材制造业	0.002177	邮政业	0.000149
其他化学制品	0.002041	纺织材料加工业	0.000095
研究与试验发展业	0.001701	文化、办公用机械制造业	0.000042

续表

行　业	消耗系数	行　业	消耗系数
租赁和商务服务业	0.001691	农林牧渔业	0.000018
造纸,印刷	0.001681	家用视听设备制造业	0.000012
信息传输、计算机服务和软件业	0.001577	肥料、农药	0.000003
工艺品及其他制造业(含废品废料)	0.001295	黑色金属矿采选业	0.000000
有色金属冶炼及压延业	0.001276	有色金属矿采选业	0.000000
烟草制品业	0.001188	其他电子设备制造业	0.000000

资料来源:作者制表。

由表 5-3 可以看出,投入黑色金属矿采选业最大的是电力、热力的生产和供应业,产出 1 个单位石油和天然气开采业的产品,需要消耗电力、热力的生产和供应业的数量达到 0.147 个单位。黑色金属矿采选业对电力等需求明显高于其他行业。其次是石油加工、炼焦及核燃料加工业、交通运输及仓储业、专用设备制造业等。整体来看,黑色金属矿采选业消耗的其他行业产品比例较高,其对其他行业具有较大的影响。

表 5-3　黑色金属矿采选业单位产出需要其他行业产品的消耗量

行　业	消耗系数	行　业	消耗系数
电力、热力的生产和供应业	0.147466	造纸、印刷	0.001602
石油加工、炼焦及核燃料加工业	0.050870	烟草制品业	0.001584
交通运输及仓储业	0.043331	铁路运输设备制造业	0.001400
专用设备制造业	0.043228	黑色金属冶炼	0.001381

续表

行　业	消耗系数	行　业	消耗系数
通用设备制造业	0.033542	其他交通运输设备制造业	0.001205
金属制品业	0.023128	信息传输、计算机服务和软件业	0.001087
基础化学原料	0.012277	农林牧渔业	0.001007
汽车制造业	0.011875	水的生产和供应业	0.000924
专用化学产品制造业	0.011640	电子计算机制造业	0.000874
塑料、橡胶制品	0.011381	食品及酒精饮料	0.000691
住宿和餐饮业	0.010825	电子元器件制造业	0.000565
批发和零售业	0.010236	合成材料制造业	0.000549
金融业	0.010112	水利、环境和公共设施管理业	0.000459
钢压延加工业	0.008876	房地产业	0.000391
燃气生产和供应业	0.008153	建筑业	0.000332
非金属矿物制品业	0.005953	纺织材料加工业	0.000310
煤炭开采和洗选业	0.005311	非金属矿及其他矿采选业	0.000288
工艺品及其他制造业（含废品废料）	0.005271	教育	0.000170
电气设备	0.005137	公共管理和社会组织	0.000168
其他化学制品	0.004966	邮政业	0.000128
综合技术服务业	0.004628	研究与试验发展业	0.000125
木材加工及家具制造业	0.003735	文教体育用品制造业	0.000105
输配电及控制设备制造业	0.003007	通信设备及雷达制造业	0.000078
租赁和商务服务业	0.002808	皮革、毛皮、羽毛（绒）及其制品业	0.000039

续表

行 业	消耗系数	行 业	消耗系数
有色金属冶炼及压延业	0.002806	纺织、针织制成品制造业	0.000035
文化、体育和娱乐业	0.002802	文化、办公用机械制造业	0.000025
其他电气机械及器材制造业	0.002627	家用视听设备制造业	0.000002
仪器仪表制造业	0.002491	石油和天然气开采业	0.000000
纺织服装、鞋、帽制造业	0.002307	有色金属矿采选业	0.000000
居民服务和其他服务业	0.002231	肥料、农药	0.000000
卫生、社会保障和社会福利业	0.002140	船舶及浮动装置制造业	0.000000
家用电力和非电力器具制造业	0.001801	其他电子设备制造业	0.000000

资料来源:作者制表。

由表 5-4 可看出,投入有色金属矿采选业最大的是电力、热力的生产和供应业,产出 1 个单位有色金属矿采选业的产品,需要消耗电力、热力的生产和供应业的数量达到 0.112 个单位。其次是石油加工、炼焦及核燃料加工业、专用设备制造业、交通运输及仓储业等。整体来看,有色金属矿采选业消耗的其他行业产品比例较高,其对其他行业具有较大的影响。

表 5-4　有色金属矿采选业单位产出需要其他行业产品的消耗量

行 业	消耗系数	行 业	消耗系数
电力、热力的生产和供应业	0.112081	文化、体育和娱乐业	0.001831
石油加工、炼焦及核燃料加工业	0.070100	造纸、印刷	0.001641
专用设备制造业	0.058003	农林牧渔业	0.001631

续表

行　业	消耗系数	行　业	消耗系数
交通运输及仓储业	0.052989	烟草制品业	0.001429
专用化学产品制造业	0.039106	其他交通运输设备制造业	0.001074
通用设备制造业	0.035119	黑色金属矿采选业	0.001022
综合技术服务业	0.026616	卫生、社会保障和社会福利业	0.000928
金属制品业	0.019945	铁路运输设备制造业	0.000922
基础化学原料	0.014565	水利、环境和公共设施管理业	0.000915
住宿和餐饮业	0.013911	房地产业	0.000796
非金属矿物制品业	0.013629	水的生产和供应业	0.000792
批发和零售业	0.012191	食品及酒精饮料	0.000778
金融业	0.011632	纺织材料加工业	0.000687
有色金属冶炼及压延业	0.008595	合成材料制造业	0.000647
电气设备	0.006683	研究与试验发展业	0.000641
纺织服装、鞋、帽制造业	0.006561	电子计算机制造业	0.000628
仪器仪表制造业	0.005270	燃气生产和供应业	0.000596
租赁和商务服务业	0.005237	教育	0.000591
工艺品及其他制造业(含废品废料)	0.004650	文教体育用品制造业	0.000583
塑料、橡胶制品	0.004560	建筑业	0.000422
其他化学制品	0.004401	电子元器件制造业	0.000367
家用电力和非电力器具制造业	0.003308	纺织、针织制成品制造业	0.000279

续表

行　业	消耗系数	行　业	消耗系数
其他电气机械及器材制造业	0.003166	邮政业	0.000253
黑色金属冶炼	0.003033	公共管理和社会组织	0.000200
汽车制造业	0.002807	通信设备及雷达制造业	0.000139
煤炭开采和洗选业	0.002278	文化、办公用机械制造业	0.000092
非金属矿及其他矿采选业	0.002252	皮革、毛皮、羽毛（绒）及其制品业	0.000068
钢压延加工业	0.001984	石油和天然气开采业	0.000000
居民服务和其他服务业	0.001960	其他电子设备制造业	0.000000
木材加工及家具制造业	0.001945	家用视听设备制造业	0.000000
信息传输、计算机服务和软件业	0.001943	肥料、农药	0.000000
输配电及控制设备制造业	0.001885	船舶及浮动装置制造业	0.000000

资料来源:作者制表。

　　由表 5-5 可知,投入非金属矿及其他矿采选业最大的是电力、热力的生产和供应业,产出 1 个单位的非金属矿及其他矿采选业的产品,需要消耗电力、热力的生产和供应业的数量达到 0.087 个单位。非金属矿及其他矿采选业对电力等具有较高的需求。其次是交通运输及仓储业、专用设备制造业、石油加工、炼焦及核燃料加工业等。整体来看,非金属矿及其他矿采选业消耗的其他行业产品比例较高,其对其他行业具有较大的影响。

表 5-5 非金属矿及其他矿采选业单位产出需要其他行业产品的消耗量

行　业	消耗系数	行　业	消耗系数
电力、热力的生产和供应业	0.087452	造纸、印刷	0.001836
交通运输及仓储业	0.064388	卫生、社会保障和社会福利业	0.001800
专用设备制造业	0.060920	木材加工及家具制造业	0.001752
石油加工、炼焦及核燃料加工业	0.047369	家用电力和非电力器具制造业	0.001427
非金属矿物制品业	0.039634	房地产业	0.001171
专用化学产品制造业	0.038655	黑色金属冶炼	0.001076
塑料、橡胶制品	0.034915	教育	0.001041
通用设备制造业	0.029519	铁路运输设备制造业	0.001023
汽车制造业	0.020501	水的生产和供应业	0.000935
金属制品业	0.016022	食品及酒精饮料	0.000788
基础化学原料	0.015694	合成材料制造业	0.000754
住宿和餐饮业	0.014814	电子计算机制造业	0.000617
工艺品及其他制造业（含废品废料）	0.013482	其他交通运输设备制造业	0.000554
金融业	0.013143	纺织材料加工业	0.000474
批发和零售业	0.013138	电子元器件制造业	0.000385
综合技术服务业	0.009792	建筑业	0.000335
其他化学制品	0.008360	农林牧渔业	0.000298
燃气生产和供应业	0.005299	邮政业	0.000278
纺织服装、鞋、帽制造业	0.004053	文教体育用品制造业	0.000265
电气设备	0.003997	研究与试验发展业	0.000222

续表

行　业	消耗系数	行　业	消耗系数
租赁和商务服务业	0.003862	公共管理和社会组织	0.000163
钢压延加工业	0.003848	通信设备及雷达制造业	0.000101
文化、体育和娱乐业	0.003761	纺织、针织制成品制造业	0.000096
居民服务和其他服务业	0.003414	文化、办公用机械制造业	0.000035
煤炭开采和洗选业	0.002502	皮革、毛皮、羽毛（绒）及其制品业	0.000002
仪器仪表制造业	0.002352	家用视听设备制造业	0.000001
水利、环境和公共设施管理业	0.002274	石油和天然气开采业	0.000000
其他电气机械及器材制造业	0.002215	黑色金属矿采选业	0.000000
输配电及控制设备制造业	0.002131	有色金属矿采选业	0.000000
信息传输、计算机服务和软件业	0.002077	肥料、农药	0.000000
有色金属冶炼及压延业	0.001920	船舶及浮动装置制造业	0.000000
烟草制品业	0.001880	其他电子设备制造业	0.000000

资料来源：作者制表。

5.3　采掘业产出变化对其他行业能源消耗的影响 ●●➡

笔者根据各产业的单位产出的能源消耗值，可以计算出采掘业消耗单位能源对其他行业能源消耗的影响，及采掘业能源消耗带动全社会能源消耗的影响（见表 5-6）。

表 5-6　采掘业产出对其他行业能源消耗的影响

	煤炭开采和洗选业	石油和天然气开采业	黑色金属矿采选业	有色金属矿采选业	非金属矿及其他矿采选业
农、林、牧、渔、水利业	6.6274	0.0098	0.1504	0.1692	0.0105
煤炭开采和洗选业	0.0000	51.2238	9.1988	2.7385	1.0263
石油和天然气开采业	0.0000	0.0000	0.0000	0.0000	0.0000
黑色金属矿采选业	0.0000	0.0000	0.0000	1.1165	0.0000
有色金属矿采选业	0.0000	0.0000	0.0000	0.0000	0.0000
非金属矿采选业	9.8154	7.8513	1.2474	6.7772	0.0000
其他采矿业	0.0000	0.0000	0.0000	0.0000	0.0000
农副食品加工业	0.3109	0.8570	0.3328	0.2603	0.0898
食品制造业	0.3999	1.1026	0.4282	0.3349	0.1156
饮料制造业	0.3343	0.9216	0.3579	0.2799	0.0966
烟草制品业	0.9439	0.4468	0.1605	0.1005	0.0451
纺织业	0.9964	0.4110	0.3608	0.5556	0.1307
纺织服装、鞋、帽制造业	7.0794	4.1018	0.8142	1.6071	0.3386
皮革、毛皮、羽毛(绒)及其制品业	0.0260	0.1368	0.0090	0.0110	0.0001
木材加工及木、竹、藤、棕、草制品业	76.3559	21.8112	6.2040	2.2426	0.6889
家具制造业	13.5033	3.8572	1.0971	0.3966	0.1218
造纸及纸制品业	10.3444	12.0093	3.0826	2.1918	0.8366
印刷业和记录媒介的复制	4.6471	5.3950	1.3848	0.9847	0.3758

续表

	煤炭开采和洗选业	石油和天然气开采业	黑色金属矿采选业	有色金属矿采选业	非金属矿及其他矿采选业
文教体育用品制造业	0.5419	0.4345	0.0419	0.1608	0.0249
石油加工、炼焦及核燃料加工业	105.9472	202.7976	79.3865	75.9328	17.5026
化学原料及化学制品制造业	251.7280	216.5075	37.3294	87.0478	29.3503
医药制造业	40.7207	35.0232	6.0386	14.0812	4.7478
化学纤维制造业	8.8872	7.4154	4.8598	2.9894	1.9373
橡胶制品业	37.0274	10.4438	11.5144	3.2025	8.3640
塑料制品业	44.7240	12.6146	13.9077	3.8682	10.1025
非金属矿物制品业	353.4618	186.0974	34.6704	55.0921	54.6507
黑色金属冶炼及压延加工业	34.9231	10.3809	4.7063	7.1733	0.8684
有色金属冶炼及压延加工业	32.3186	9.1778	5.4367	11.5604	0.8810
金属制品业	143.1443	32.7115	28.5336	17.0792	4.6802
通用设备制造业	108.5801	59.6889	17.9371	13.0358	3.7376
专用设备制造业	54.4223	70.9272	17.6001	16.3921	5.8727
交通运输设备制造业	9.4057	4.9899	3.0731	0.7077	1.1095
电气机械及器材制造业	18.1360	6.2905	2.4741	2.0548	0.4552
通信设备、计算机及其他电子设备制造业	1.2678	0.5874	0.2007	0.1039	0.0345
仪器仪表及文化、办公用机械制造业	7.2480	9.3920	0.5606	0.8293	0.1259
工艺品及其他制造业	34.5612	7.5974	8.3293	5.1005	5.0444

续表

	煤炭开采和洗选业	石油和天然气开采业	黑色金属矿采选业	有色金属矿采选业	非金属矿及其他矿采选业
废弃资源和废旧材料回收加工业	6.1842	1.3594	1.4904	0.9127	0.9026
电力、热力的生产和供应业	326.7708	409.7560	239.5597	126.3815	33.6372
燃气生产和供应业	3.1923	5.6302	10.7700	0.5465	1.6574
水的生产和供应业	16.6035	11.1058	3.7883	2.2545	0.9076
建筑业	1.3631	0.7264	0.0618	0.0546	0.0148
交通运输、仓储和邮政业	391.6685	93.4905	56.7615	48.8094	20.1364
批发、零售业和住宿、餐饮业	8.8272	4.6129	1.4915	1.2330	0.4533
其他行业	32.4598	11.9445	3.0103	4.1211	1.1126
合计	2 205.4989	1 531.8385	618.3626	520.4915	212.1879

资料来源:作者制表。

由表 5-6 可以看出,煤炭开采和洗选业、石油和天然气开采业、黑色金属矿采选业、有色金属矿采选业、非金属矿及其他矿采选业产出对其他产业能源消耗的影响分别为 2 205 万吨标准煤、1 531 万吨标准煤、618 万吨标准煤、520 万吨标准煤和 212 万吨标准煤。采掘业对其他行业能源消耗的总体影响达到 5 088 万吨标准煤,2010 年采掘业自身能源消耗为 18 399 万吨标准煤,对其他行业带来的能源消耗占到自身的 27.6%,合计占到全社会能源消耗量的 7.2%。所以,采掘业对全社会的能源消耗具有较大的影响,值得深入研究。

采掘业自身消耗的能源就不少,再加上带动其他产业消耗

的能源,采掘业的能耗值得引起更多的重视。采掘业的重要性
在于为其他行业提供了能源和矿物原料,作为初级产品的生产
者,其技术水平并不高,消耗了大量的能源,具有较大的节能空
间。而针对采掘业采取节能措施,必将通过投入产出影响其他
产业的能源消耗,或者减少能耗,或者转移能耗,这也是研究采
掘业与其他产业投入产出节能的意义所在。

5.4　本章小结 ●■➡

　　本章通过计算采掘业各细分行业的产出对其他行业的带动
和能源消耗的影响,将采掘业的影响具体进行了分析,2010 年,
采掘业对其他行业带来的能源消耗占到自身的 27.6%,合计占
到全社会能源消耗量的 7.2%。采掘业的能源消耗具有较大的
比重和较强的社会影响。

　　其他行业为了支持采掘业的不间断生产,其间接消耗的能
源也不在少数,形成能源供应的循环链条。笔者通过计算其他
行业为采掘业消耗的能源,可以进一步评估采掘业的能源消耗
量和节能量,为整个社会的大生产可持续发展提供重要的理论
依据。不同行业的投入产出是个不间断的过程,采掘业减少能
源消耗的空间有限,但是考虑其和其他行业之间的影响,节能又
有新的内涵。

　　投入产出的研究是个复杂的过程,本书针对采掘业重点研
究了采掘业的能源消耗的带动作用,对不同产业的带动存在不
同的影响。采掘业为其他行业提供能源,同时又间接地带动了
其他行业消耗能源。针对投入产出的能源消耗研究,对于研究
产业间的能耗转移问题,是个很好的切入点。研究发现,采掘业

的能源消耗能够引起其他较多行业的间接能源消耗,采掘业的重要性变得更为突出。如何通过其他行业的节能影响采掘业的能耗,是个值得深入研究的问题。

同时,采掘业为其他行业提供能源,这个过程也是个能源消耗转移的过程,采掘业通过消耗能源,来生产产品,为其他行业提供能源和矿产品,这个过程对能源的转移有多少?从投入产出角度研究节能的话,这是值得深入研究的问题。

在探讨了采掘业在投入产出过程中的能源消耗后,笔者发现采掘业的能耗并不低。但是其效率有多高?有多大的节能空间?中国地大物博,不同地区的情况差异很大,采掘业的能源消耗必然受到不同地区的资源禀赋、资金、劳动力、经济发展水平等各种因素的影响。下面,本书将通过省际层面的数据对采掘业的能耗和节能情况进行进一步的分析。

第六章
中国采掘业省际能源
效率与节能潜力分析

6.1　全要素能源效率的研究

　　能源效率是能源经济学研究的重要问题之一。提高能源效率能够有效促进节能减排。传统的能源效率的研究主要是在单要素能源效率基础上进行,然而,单要素能源效率(一般用能源消费与国内生产总值的比值表示)有一个隐含的假定,即产出是由能源作为唯一的投入要素所创造的。因此,单要素能源效率只是衡量了能源投入与产出之间的一个比例关系,其作为测度能源效率的指标存在很大的局限性。因此,笔者考虑采用全要素能源效率。全要素能源效率能更好地反映客观实际情况,能源效率的提高也依赖于全要素生产效率的改善(Gale,2000[104])。

　　全要素生产率是研究能源效率的一种重要途径。全要素能源效率主要采用前沿分析方法,包括数据包络分析法(DEA)以及随机前沿分析法(SFA)两种。两者的基本思想相同,先估计一个有效的前沿作为效率基准,以实际产出或投入水平与前沿之间的相对距离来衡量效率。这种方法比单要素能源效率能够更好地反映整体结构运行的能源效率,是目前多被采用的方法之一。

比较 DEA 和 SFA 这两种方法,DEA 方法的优势在于不需要对不同产出进行加总。运用 DEA 方法研究行业能源效率和节能潜力的文献有很多。A. Azadeh 等(2007)[104] 整合了 DEA 和 PCA 方法,评估了主要 OECD 国家的能源密集行业的能源效率,结果表明,化石燃料的节能潜力要比电力的节能潜力大。O. A. Olanrewaju 等(2012)[105] 首次提出整合的 IDA-ANN-DEA 方法,研究加拿大 15 个工业部门的能源消费情况。Toshiyuki 和 Mika(2012)[106] 运用 DEA-DA 方法将日本电力工业企业的效率进行打分和排名,进而发现 2005—2009 年日本电力企业的运行表现几乎没有发生变动。研究发现,该方法的主要缺陷在于:对确定前沿的函数形式没有做出明确规定,不能提供关于生产行为的任何信息;将相对于前沿的其余部分都视为非效率,从而可能高估非效率。

相比 DEA 方法而言,SFA 方法对生产函数有明确的设定,并且能辨别各种因素对非效率的影响。很多研究学者运用 SFA 方法对特定行业进行了效率分析。史丹(2008)[109] 提出了基于随机前沿生产函数的地区能源效率差异分析框架,采用方差分解测算了 1980—2005 年中国能源效率的地区差异中各因素的作用大小。结果表明,全要素生产率的平均贡献份额为 36.54%,资本—能源比率的平均贡献份额达到 45.67%,劳动—能源比率差异的平均贡献份额达到 17.89%。Lin 和 Yang(2013)[110] 运用随机前沿分析模型对中国火电行业的投入效率和节能潜力进行了分析,其结果显示,2005—2010 年中国火电行业的平均能源投入效率为 0.85,累计节能潜力达到 551.04Mtce。

但是已有文献缺少对采掘业全要素能源效率的研究。作为首次对采掘业研究全要素能源效率,本章尝试使用全要素能源效率对采掘业的能源效率和节能潜力进行测度。

本章将运用省际面板数据,对中国采掘业的全要素能源效率进行研究。本章其余部分安排如下:

第二节提出了本章采用的针对采掘业的全要素能源效率估计模型和估计方法;

第三节是运用的变量和数据来源说明;

第四节对采掘业随机前沿分析的模型进行检验;

第五节进行计量分析并得到实证分析结果,估计采掘业省际层面的能源效率;

第六节根据前面能源效率的分析,估计中国采掘业的历史节能潜力;

最后是本章小结。

6.2 能源效率模型估计和方法 ••▶

在关于生产要素需求的实证研究中,一般以新古典经济学所假设的利润最大化或成本最小化为起点来推导需求函数,不考虑市场失效问题。但是,如果外部性问题、价格管制或者市场竞争不充分等因素使关于生产者行为的上述假设不成立,基于该假设估计的要素需求函数往往是有偏的和不一致的。中国对能源商品长期实行价格补贴和价格管制,生产者和消费者对能源的实际支付价格往往低于竞争市场形成的价格;即使是那些定价机制已基本市场化的能源商品,价格也没有反映资源利用和环境影响的外部成本。价格扭曲使市场信号不能正确传递给

生产者,造成生产中对能源的过度使用。过度使用意味着要素投入是非效率的,导致关于生产者的利润最大化或成本最小化的行为假定不能成立。Debreu(1951)和 Farrell(1957)进行了关于生产效率的开创性研究。前者提出了基于产出方向的技术效率衡量方法,后者提出了基于投入方向的效率衡量方法,被统称为 Debreu-Farrel 效率(Kumbhakar,2000),即以生产边界作为效率衡量基准,如果给定产出的所有投入无法同比例减小,或者给定投入的所有产出无法同比例增加,则称为生产有技术效率(technical efficiency),否则存在技术非效率(technical inefficiency)。Debreu-Farrel 效率因与其对应的效率径向测度方法使用便利而成为生产效率分析的基本框架。投入距离函数可表示为:$D_I(y,x) = \max\{\lambda \geqslant (1:x) | \lambda \in L(y)\}$,其中 y 表示产出,x 代表投入向量。$L(y) = (x \in R_n^+ : y \in R^+)$。投入距离函数反映给定 y 时 x 的最大径向缩减程度。对于任何可行产出,$D_I(y,x) \geqslant 1$。若 x 在生产边界上,则 $D_I(y,x) = 1$;x 在生产边界之内,则 $D_I(y,x) > 1$,表明生产中存在技术非效率。

设距离函数为超越对数函数形式,它作为一般函数的二阶近似,其形式灵活,无太多假设条件并考虑了变量间的交互作用。Colli 和 Perelman(1999)建立了多产出、多投入的投入距离函数,根据他们的研究,在单一产出、多投入的生产情形下,距离函数可表示为:

$$\ln D_I = \beta_0 + \beta_y \ln Y + \sum_i \beta_i \ln X_i + \frac{1}{2}\sum_i\sum_j \beta_{ij}\ln X_i \ln X_j +$$
$$\frac{1}{2}\beta_{yy}(\ln Y)2 + \sum_i \beta_{iy}\ln X_i \ln Y + \beta_t T + \frac{1}{2}\beta_{tt}T^2 +$$
$$\sum_i \beta_{it} \cdot T \cdot \ln X_i + \sum_i \beta_{ty} \cdot T \cdot \ln Y \tag{6-1}$$

方程(6-1)除满足 $\ln D_I(y,x)\geqslant 0$ 之外,还要满足如下齐次线性和对称性条件:

$$\sum_i \beta_i = 1, \sum_j \beta_{ji} = \sum_i \beta_{iy} = \sum_i \beta_{it} = 0, \beta_{ij} = \beta_{ji}, i \neq j$$
$$(6\text{-}2)$$

根据齐次线性条件,方程(6-1)可以转化为:

$$-\ln X_j = F(\cdot) - \ln D_I \qquad (6\text{-}3)$$

再在方程(6-3)中引入统计误差 v_{it},令 $\ln D_{it} = u_{it}, u_{it}\geqslant 0$,则:

$$\ln X_j = -F(\cdot) + u_{it} + v_{it} \qquad (6\text{-}4)$$

方程(6-4)即 Aigner 等人(1977)提出的随机前沿函数的基本形式。若将能源要素作为等式左端的投入要素 X_j,则有:

$$\ln E_{it}^e = \ln f(Y_{it}, X_{it}, Z_{it}; \beta) + u_{it} + v_{it} \qquad (6\text{-}5)$$

将方程(6-5)转化为:

$$E_{it}^e = f(Y_{it}, X_{it}, Z_{it}; \beta) e^{u_{it} + v_{it}} \qquad (6\text{-}6)$$

方程(6-6)构成一个关于能源投入的随机前沿模型,其中 E_{it}^e 代表实际能源投入,$f(\cdot)$ 是从生产技术角度建立的能源需求函数,是能源投入的确定性前沿部分,它提供了衡量有效能源投入的基准,代表在前沿技术水平和产出水平既定时,由生产决策和其他外部因素决定的最小能源投入。Y_{it} 和 X_{it} 是生产决策变量,Y_{it} 代表产出,X_{it} 代表能源之外的其他生产要素,Z_{it} 为其他外部影响因素,β 为确定性前沿的参数变量。

根据 Debreu-Farrel 效率,本章将确定性前沿作为衡量基准,产出既定时,若生产中实际能源投入大于前沿上的能源投入,则视为存在因技术非效率而造成的过度投入;将通过消除技术非效率而能够减少的能源投入界定为节能潜力。由于在 SFA 中实际观测误差为混合误差$(u_{it}+v_{it})$，需将非效率影响从中分离。根据以往的分解方法，能源投入效率和节能潜力分别表示为：

$$\text{Eff}_{it}=\frac{E(E_{it}\,|\,u_{it}=0,Y_{it},X_{it},Z_{it})}{E(E_{it}^a\,|\,u_{it}\neq0,Y_{it},X_{it},Z_{it})}=\exp(-u_{it}) \quad (6\text{-}7)$$

$$\text{CONSERV}_{it}=E(E_{it}^a)\cdot(1-\text{Eff}_{it}) \quad (6\text{-}8)$$

方程(6-7)中，$E(\cdot)$表示条件期望，Eff_{it}表示能源投入效率，即有技术效率的前沿投入与实际能源投入之比，方程(6-8)表示可以实现的节能潜力。

根据方程(6-6)可以得到：

$$u_{it}=z_{it}\delta+\varepsilon_{it},u_{it}>0 \quad (6\text{-}9)$$

$$u_{it}\sim\text{iid}N(z_{it}\delta,\sigma_u^2),\varepsilon_{it}\sim\text{iid}N(-z_{it}\delta,\sigma_u^2)$$

随机误差影响 u_{it} 服从均值为 0、方差为 σ_u^2 的正态分布。非效率影响 u_{it} 由线性回归模型(6-9)来解释，z_{it} 是由关于非效率的解释变量构成的向量，δ 是参数向量。u_{it} 服从在 0 处截断、均值 $z_{it}\delta$、方差为 σ_u^2 的单侧正态分布。为使 ε_{it} 与 u_{it} 的假设分布一致，ε_{it} 服从均值为 0、方差为 σ_u^2 的断尾正态分布，截断点为 $-z_{it}\delta$(Battese 和 Coelli，1995[111])。

在此模型理论基础上，下面针对采掘业的能源效率进行分析，建立省际层面的随机前沿分析模型。

6.3 变量和数据选择 ●●➡

本章利用中国采掘业省际面板数据来分析采掘业的能源投入效率，选取了 2006—2011 年 30 个省、市、自治区(由于部分省份数据缺失,西藏和港澳台地区未考虑在内;以下简称省)的采掘业面板数据。

　　数据主要来源于《中国统计年鉴》《中国能源统计年鉴》《中国工业经济统计年鉴》和各省市统计年鉴。其对各省采掘业投入产出数据进行处理,均折算为 2010 年的不变价格并取对数。主要变量说明如下:

　　(1)采掘业产出(Y):本书用采掘业总产值代表采掘业产出的指标,主要考虑到投入要素中包含能源这一中间消耗品。何晓萍(2011)[112]在采用能源过度投入的随机前沿分析模型对中国工业节能潜力进行分析的时候,选择了工业总产值作为产出变量。参考其方法,为了消除价格因素的影响,本书使用历年采掘业出厂价格指数对原始数据进行平减,将其转换为 2010 年不变价的实际工业产出。

　　(2)采掘业能源投入量(E):采掘业能源投入量采用中国能源统计年鉴的分省采掘业能源消耗数据,由于分省采掘业能源消耗数据较难获得,本书根据中国各省工业能源消耗量和采掘业产值比重估计得到。

　　(3)采掘业资本投入量(K):资本投入是重要的投入要素之一,采掘业由于其行业特性,属于资本密集型产业,要大规模开发需要较大的资本投入,资本对采掘业的影响很大。本书选取采掘业历年的资本存量作为资本投入指标,数据来源于历年中国工业统计年鉴。

　　(4)采掘业劳动投入量(L):劳动力是重要的投入要素之一。本书采用采掘业从业人数代表劳动投入量指标,数据来源于中国历年统计年鉴。

　　非效率变量:

　　(1)行业集中度(CR):以采掘业企业的平均工业总产值来

表示行业集中度,即采掘业的工业总产值除以本行业企业单位个数。考虑到采掘业的特性,由于规模效应的存在,行业集中度能够对该行业产生一定的影响。一般而言,对于一个充分竞争的市场,企业数量多,平均工业总产值相对较小,意味着行业规模较小;相反,垄断程度较高的市场则平均工业总产值较大,行业规模较大。因此,该指标在一定程度上体现了行业的竞争性。

(2)能源价格(P):价格是影响能源效率的重要因素。Knittel(2002)采用随机前沿分析方法,对不同的价格规制方法对于发电厂效率的影响分别进行了实证分析,结果发现,采用与发电厂绩效直接相关的规制方法可以对发电厂产生减少燃料成本的激励,进而提高电厂的效率,其他规制方法则与效率水平没有明显关联。张各兴等(2011)[107]利用随机前沿生产函数对中国 2003—2009 年的 30 个省的面板数据进行了分析,估计了我国发电行业的技术效率,发现电力价格和发电行业效率存在正相关关系。从各方面研究来看,由于缺少采掘业在这方面的研究,本书试图研究能源价格对采掘业的影响,采用各地区的原材料、燃料、动力、购进价格总指数来代表能源价格对采掘业的影响。能源价格的数据来自《中国城市(镇)生活与价格年鉴 2011》,2-4-2:各地区原材料、燃料、动力、购进价格总指数(1986—2010年),第 225 页。

(3)环境规制(EV):随着经济的发展,环境对人们生活的影响越来越重要。采掘业作为重要的资源开采行业,随着环境规制的加强,采掘业的效率越来越受到环境规制的影响。本书假设该指标与能源投入非效率负相关。环境规制的数据用中国各地区工业二氧化硫排放量来表示,数据来源于历年《中国环境年鉴》。

6.4 模型的检验 ●●●➡

本书采用随机前沿生产函数的方法,模型是否适用首先需要进行检验。传统生产率研究都使用平均生产函数,衡量企业生产率水平的高低,要素的产出弹性为平均值,该方法忽略了生产无效率因素对生产的影响(张各兴,2011[107])。若生产无效率项 U_{ir} 不存在,那么模型就成了简单最小二乘估计,随机前沿参数失去作用,模型变成了平均生产函数模型。

检验模型是否合适的方法是检验 γ(技术无效率所占的比例)的值,γ 取值越接近于 1,则前沿生产函数的误差项主要来自随机变量;γ 越接近于 0,则实际产出与最大可能产出的差距主要来自可控因素,这种情况不适合采用随机前沿分析模型。γ 越显著接近 1 的取值则越适合采用随机前沿分析模型。根据本书模型检验结果,γ 值达到 0.999,其 t 值为 2 342 331,说明生产无效率在采掘业中普遍存在,采用随机前沿生产函数是合适的。

然后模型进行 LR 统计检验。LR 检验又称混合卡方检验(mixed chi-square distribution)。在计算出 LR 值后,笔者通过和混合卡方检验的临界值进行比较,大过临界值说明通过检验。LR 统计量可以表示为:

$$LR = -2\{\ln[L(H_0)/L(H_1)]\} = -2\{\ln[L(H_0)] - \ln[L(H_1)]\} \sim \chi^2(n) \tag{6-10}$$

公式中 $L(H_0)$ 和 $L(H_1)$ 分别为前沿生产函数在原假设和备择假设下的似然函数值,$\beta(\tilde{\beta})$ 和 $\sigma(\tilde{\sigma})$ 分别是对 β(参数集

合）、σ^2（误差项方差）的极大似然估计。

$$L(H_1) = \log L(\hat{\beta}, \hat{\sigma}^2) = -\frac{T}{2}\log 2\pi\sigma^2 - \frac{\sum \hat{u}_t{}^2}{2\sigma^2} \tag{6-11}$$

$$L(H_0) = \log L(\tilde{\beta}, \tilde{\sigma}^2) = -\frac{T}{2}\log 2\pi\tilde{\sigma}^2 - \frac{\sum \tilde{u}_t{}^2}{2\tilde{\sigma}^2} \tag{6-12}$$

如果约束条件成立，则相应的约束模型与非约束模型的极大似然函数值是近似相等的，这是 LR 检验的基本思路。其中 LR 统计量服从自由度为 n 的混合卡方分布（自由度 n 为原假设 H_0 中零参数约束的个数）。LR 统计检验的原假设以及检验结果如表 6-1。

表 6-1　LR 统计检验的原假设及检验结果

序号	假设	对数似然函数值	LR统计量	约束个数	临界值（5%）	临界值（1%）	检验结果
	H_1:(6-1)式	190.19					
1	H_0:C-D生产函数适用	119.15	141.00	6	17.755	13.401	拒绝
2	H_0:OLS适用	131.42	117.54	9	16.274	20.972	拒绝
3	H_0:不存在技术进步	120.21	139.98	1	2.706	5.412	拒绝

注：临界值为 5% 和 1% 显著水平下的混合卡方分布，见 Kodde. David A., Franz C. Palm.1986."Wald Criteria for Jointly Testing Equality and Inequality Restrictions", *Econometrica*, 54, p.1246 Table 1。

资料来源：作者制表。

原假设 1：假设在生产函数形式上，$\beta_4 = \beta_5 = \beta_6 = \beta_7 = \beta_8 = \beta_9 = 0$，即 Cobb-Douglas 生产函数要优于超越对数生产函数。在 1% 的显著水平下，原假设被拒绝，说明超越对数生产函数更适用，若采用 Cobb-Douglas 生产函数形式，则会产生较大的误差。

原假设 2：假设所有样本省份的采掘业生产均处于生产前沿面上，随机误差项所代表的技术非效率影响为零。如果原假设成立，即 $\gamma = \xi_1 = \xi_2 = \xi_3 = 0$，则用普通最小二乘法（COLS）估计出来的平均生产函数可以很好地描述样本的生产过程，此时无需采用 SFA 方法来估计函数形式。同样，在 1% 的显著水平下，原假设被拒绝，说明模型中技术非效率是显著存在的，样本均处于生产前沿下方，采用 COLS 得到的平均意义上的生产函数不适用于本研究。

原假设 3：假设不存在技术进步，即 $\beta_{10} = 0$，结果显示在 1% 的水平上被拒绝。

以上检验说明，模型通过了 LR 检验，适用性较强。下面进行实证分析。

6.5　实证分析 ●●➡

通过对 SFA 函数形式的检验，笔者可以得到本章构建的能源投入随机前沿模型是一个非效率服从半正态分布、确定性前沿函数包含非中性技术进步的超越对数模型。根据模型，笔者利用 Frontier4.1 软件，将中国 2006—2011 年的 30 个省的采掘业面板数据进行了随机前沿分析，采用极大似然估计法，估计结果如表 6-2 所示。其中非效率影响服从半正态分布，确定性前沿函数包含非中性技术进步。

虽然个别参数的估计结果不显著，但是由于 $\gamma = 0$ 的零假设已经被拒绝，因此模型仍然是有效的，可以解释采掘业的能源投入效率。

表 6-2　最终模型估计结果

系数	变量	系数	t 统计量	系数	变量	系数	t 统计量
β_0	Constant	1.995 ***	4.932	β_{12}	t×nY	0.013	1.937
β_1	lnY	0.001	0.010	β_{13}	t×nK	−0.055 ***	−5.977
β_2	lnK	−0.127	−1.079	β_{14}	t×lnL	0.006	1.250
β_3	lnL	1.290 ***	8.115	δ_1	CR	0.021 ***	3.923
β_4	1/2lnYlnY	−0.820 ***	−17.180	δ_2	P	−0.008 ***	−3.119
β_5	1/2lnKlnK	−0.281 ***	−7.892	δ_3	EV	−0.002 ***	−4.611
β_6	1/2lnLlnL	−0.054	−2.105	σ^2		1.098 ***	10.211
β_7	lnY×lnK	0.045 ***	9.476	γ		0.999 ***	2 342 331
β_8	lnY×lnL	0.657 ***	22.358				
β_9	lnK×lnL	0.394 ***	12.275				
β_{10}	t	−0.542 ***	−33.400				
β_{11}	$1/2T^2$	0.038	0.672				

注：*、**、*** 分别表示 t 检验值在 10％、5％和 1％的置信水平下显著。

资料来源：作者制表。

　　由于 γ 值都达到 0.999，说明生产无效率在采掘业普遍存在。从估计结果来看，行业集中度（CR）、能源价格（P）、环境规制（EV）系数均具有一定的显著性，模型具有较强的解释力。这三个变量都能够对采掘业能源效率产生显著的影响。

　　行业集中度（CR）的系数显著为正，数值为 0.021，说明采掘业规模的增加将使得无效率水平提高，即降低了能源效率，规模经济对采掘业的能效产生了负影响。对于采掘业来说，规模越大意味着需要承担的就越多，比如：与产业配套的医院、学校、商店等，需要设置备用电厂以避免突然停电造成的损失，这些无形中降低了采掘业的能源投入效率。规模经济一般会对企业产生降低成本和增加收益的作用，但是对于采掘业，规模扩大带来的管理等问题可能使得企业的效率降低;相反,较小规模的企业更具有竞争优势。同时,小企业的灵活性可以使得浪费和无效支出更容易得到控制。

从历史数据来看,采掘业的企业规模呈现缓慢上升的趋势。而 1998 年的企业规模呈现大幅上升,主要是 1998 年企业数大幅减少的原因导致。1997 年,国务院同意国家经贸委《关于1997 年国有企业改革与发展工作的意见》,国有企业改革全面展开,部分企业破产或兼并,员工下岗,企业规模发生很大变化。1998 年,煤炭行业出现行业性亏损,中央将国有重点煤炭下放给地方政府,将煤炭行业看作竞争性行业下放给地方政府搞活经营,同时撤销了煤炭工业部。这造成了我国大量小煤矿被关停。国家对小煤矿的关停,使得煤炭企业的规模不断发生变化。同样,其他采掘业的规模也面临同样的问题,由于大企业具有规模效应,同时更便于国家对资源的控制,采掘业的企业规模不断变化,进而影响了整个行业的生产和能源消耗。

能源价格(P)的系数为负(-0.008),说明提高能源价格同样使得无效率水平降低,从而提高了能源效率,能源价格对能效是有作用的,这跟以往的研究结果相符。随着市场化的推进,能源价格对能源效率的促进作用将变得更为明显,采掘业虽然仍处于垄断性相对比较强的环境中,但是包括中石化、中石油在内的大型企业都在准备允许民营资本进入,打破垄断必然需要逐步放开价格。能源价格的提高对于能源效率具有促进作用,为价格改革提供了重要的支撑。

环境规制(EV)系数也为负(-0.002),说明加强环境约束将降低无效率水平,从而提高能源效率。环境约束的提高意味着更加先进的技术的引入,对排放等实行更为严格的标准,比较容易理解,能够提高能源效率。中国一直强调避免走先污染后治理的道路,而实际上,随着经济飞速发展的进行,中国已经难以避免地走上了这条道路。环境对经济发展的约束越来越大,而一般认为增加环保投入将增加很大的环境成本,但是本书证实了增加环境约束的同时可以提高能源投入效率。采掘业对于环境的影响是很明显的,如水土流失等,在资源的开发过程中,对于环境造成了难以挽回的损坏。同时,采掘业在能源消耗过程中排放了大量的污染物,如二氧化硫等,对于环境的影响也非常大。最近频繁出现的雾霾天气,便是众多能源消耗产业污染物排放的结果。因此,加强环境规制,对于提高能源效率、缓解人们生活的环境压力的意义都很大。

然后,笔者看一下采掘业全国投入效率的情况。笔者把各年全国 30 个省、市、自治区的投入效率进行平均,得到每年的平均投入效率,如图 6-1 所示。整体来看,中国采掘业的能源投入效率并不高,2006—2011 年的平均效率只有 0.617,具有较大的提升空间。可见,中国采掘业的能源投入效率出现波动下降的趋势,从 2006 年的 0.614 上升到 2008 年的 0.663,2009 年的投入效率出现下降趋势,这是因为采掘业为其他工业提供原材料存在一个滞后期,2008 年的金融危机导致各方面需求下降,工业增长放缓,传递到采掘业,能源资源产品的需求下降,从而使得采掘业需求由之前的高速增长转变为缓慢增长,部分产品甚至出现了产能过剩的现象,市场由卖方市场变为买方市场,造成了中国采掘业能源投入效率下降。之后两年,其效率继续呈下降趋势,到 2011 年降为 0.575。由于数据的可得性较难,时间序列较短,笔者无法看出采掘业能源效率的长期趋势,这也是需要进一步研究的内容。

下面分析不同区域的能源效率(如表 6-3 所示)。对于区域的划分,本书采用政策上的区域划分。根据国家发改委的解释,

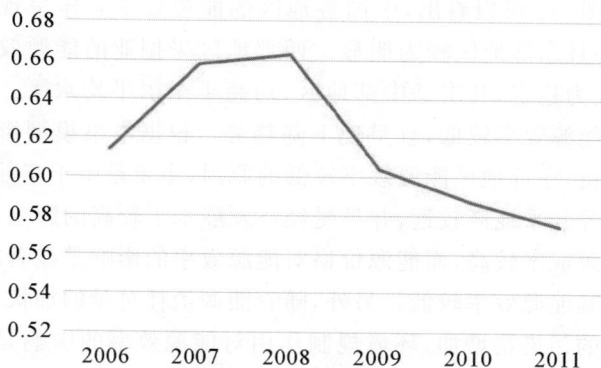

图 6-1　中国采掘业平均能源投入效率趋势图
资料来源：作者制图。

东部是指最早实行沿海开放政策并且经济发展水平较高的省市，中部是指经济次发达地区，而西部则是指经济欠发达的西部地区。本章据此把中国分为东部、中部和西部三大地区进行研究，其中东部地区包括北京、天津、河北、辽宁、山东、江苏、上海、浙江、福建、广东、海南；中部地区包括山西、黑龙江、吉林、安徽、河南、江西、湖北、湖南；西部地区包括内蒙古、陕西、甘肃、青海、宁夏、新疆、重庆、四川、广西、贵州、云南。

表 6-3　中国各地区采掘业历年能源效率

年份	2006	2007	2008	2009	2010	2011
东部地区	0.51	0.51	0.52	0.40	0.38	0.34
中部地区	0.68	0.75	0.71	0.69	0.68	0.67
西部地区	0.67	0.74	0.77	0.74	0.73	0.74
全国平均	0.614	0.658	0.663	0.604	0.587	0.575

资料来源：作者制表。

由图 6-2 可以看出,中国各地区的能源效率总体呈现下降趋势,并且东部地区较为明显。西部地区采掘业的能源效率较高,且较为稳定,其次是中部地区,均高于全国平均水平。东部地区的能源效率较低,且呈现下降趋势。根据本书模型影响因素的分析,东部地区能源效率较低的原因,主要是由于东部地区距离能源开采地区较远,并且受经济发展水平较高的影响,其使用的能源成本较高,而能源价格对能源效率的影响是显著的,从而导致其能源效率较低。另外,随着能源消耗总量的加快,对环境排放的污染物增加,环境规制作用对能源效率的影响是正向的,也带来能源效率的下降。最近东部地区频繁出现的雾霾天气更是明显地说明了这个特征。而中西部地区由于能源基本能够自给,能源使用成本较低,从而使得其能源效率相对较高。也就是说,中国采掘业在技术方面的影响并不明显,而主要是能源价格和环境规制的作用影响了采掘业的能源效率。

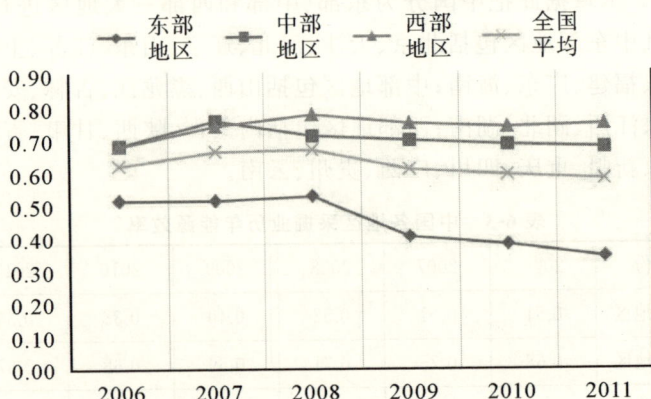

图 6-2　中国采掘业区域能源效率变动趋势图

资料来源:作者制图。

6.6 中国采掘业历史节能潜力估计 ●●●➡

投入效率表示既定产出水平下的有效能源投入与实际能源投入之比,效率小于1,表示存在过度投入;节能潜力表示采掘业通过提高技术效率向前沿靠拢而能够节约的能源投入。根据前文估计出的各省 2006 年至 2011 年间的全要素能源效率,代入到公式中,可以求出中国各个地区的采掘业节能潜力。结果表明:从 2006 年到 2011 年,中国采掘业的年均节能潜力为3 161万吨标煤,占到 2011 年一次能源消费总量(348 001万吨标准煤)的0.9%。

由图 6-3 可以看出,中国采掘业历年节能潜力呈现上升趋势,这与整体能源效率的下降相符。同时可以看出,中西部地区

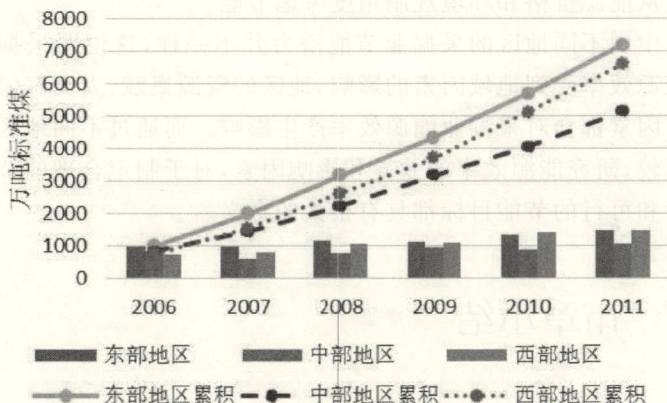

图 6-3 中国采掘业历年节能潜力估计

资料来源:作者制图。

较东部地区节能潜力的增长速度快,这主要是由于中西部地区采掘业能耗的增长加速较快。西部地区采掘业的节能潜力由2006年的747万吨标准煤,上升到2011年的1 487万吨标准煤,增长了1倍。而中部地区和东部地区分别由848万吨标准煤和1 004万吨标准煤增长到1 076万吨标准煤和1 512万吨标准煤,分别增长了26.8%和50.5%。这表明由总量增长带来的西部地区的节能空间非常可观,同时由于能源价格等因素,东部地区也有较大的节能潜力。整体来看,采掘业在整个国家具有较高的节能潜力。

从累积节能潜力来看,采掘业2006—2011年的累积节能潜力东、中、西部分别达到7 208万吨标准煤、5 143万吨标准煤和6 616万吨标准煤,东部地区的节能潜力最大。采掘业具有较大的节能潜力,但是东、中、西部地区的节能潜力不一样。对于西部地区,笔者应当从总量上考虑节能;而对于东部地区,笔者应当从能源价格和环境规制角度考虑节能。

中国不同地区的采掘业节能潜力并不一样,这说明采掘业的能源效率受到地域因素的影响,地区的资源禀赋、人文气候等诸多因素都会对采掘业能源效率产生影响。而通过不同地区间的比较,研究能源效率的差异和影响因素,对于制定合理的节能政策和可行的节能目标都具有很大的意义。

6.7　本章小结　●●➡

本章通过构建中国采掘业前沿分析模型,对中国30个省在2006—2011年的采掘业能源效率进行了分析,同时估计了采掘业的节能潜力。主要发现:

　　(1)2006—2011 年中国采掘业的平均能源投入效率为 0.617,年均节能潜力为 3 161 万吨标煤,节能空间较大。采掘业在生产能源的同时,消耗了大量的能源,但是利用效率并不高,很多因素会影响其能源效率。从全国 30 个省、市、自治区的层面来看,采掘业能源效率具有很大的提升空间,节能潜力较大,因此,研究其能源消耗影响因素很有必要。

　　(2)采掘业整体能源效率相对不高,同时最近两年处于不断下降的趋势,从 2006 年的 0.614 上升到 2008 年的 0.663,到 2011 年下降到 0.575。由于采掘业的能源效率受到多种因素的影响,因此,其能源效率的先升后降是多种因素共同作用的结果,其中地区因素会产生影响,同时采掘业能源效率的下降跟经济形势有关,但是更重要的是,这说明采掘业具有较高的节能潜力,能够为中国的节能做出更多的贡献。

　　(3)行业集中度对采掘业无效率的影响为正,采掘业规模的扩大将使得无效率水平提高,目前采掘业规模过于集中,影响了采掘业的能源效率,但是由于采掘业是资金和技术密集型的行业,竞争的引入需要考虑多方面的因素,一般需要较长的时间。因此,从行业集中度的角度提高能源效率需要充分考虑其他因素的影响。能源价格的影响为负,提高能源价格可以提高采掘业的能源效率,对高度垄断的采掘业能源价格的影响很小,说明通过能源价格市场化能够进一步提高采掘业能源效率。但是,中国的能源市场将处于并将长期处于垄断阶段,市场化的改革任重而道远,同时,采掘业本身又是高度垄断和受政府控制的行业,虽然研究表明提高能源价格能够提高采掘业的能源效率,但是在实际的执行中会碰到重重阻力和困难,需要进一步研究。环境规制的影响为负,加强环境约束将提高能源效率,环境约束会带来成本的上升,但是其对能源效率的提升效果显著,因此需要进一步研究环境因素的量化影响，制定合理的环境政策。环境规制对能效的提高有利，这个结论为中国面临的环境问题提供了重要的政策制定依据。随着城市化和工业化的进行，中国的环境问题已经威胁到了人们的正常生活和子孙后代的可持续发展。而治理环境面临较高的成本，从能源效率的角度看，提高能源效率是可以降低成本的，因此，环境规制的这个结果为提高能源效率、进一步加大环境治理提供了非常有利的政策依据。

（4）中国采掘业具有较大的节能潜力，不同的地区其节能潜力和其影响因素不同。东部地区和西部地区的节能潜力较大，同时影响采掘业能源效率的因素不同，东部地区能源效率下降的趋势更为明显。东西部发展不平衡是造成能源效率不同的一个重要原因，西部地区面临经济发展的压力比东部地区大，其较高的能源效率主要是由较低的能源运输成本、能源价格，再加上较低的环境成本造成的。中国一直力图避免先污染后治理的道路，但是，面对经济发展的压力，西部地区很难兼顾环境问题，较小的环境约束自然降低了能源成本，从而提高了能源效率。东部地区处于经济较发达的阶段，人们的环境保护意识逐渐增强，能源成本逐渐上升，再加上距离能源开采地区较远，使得能源效率低于西部地区。这些原因，造成了东西部地区能源效率和节能潜力的不同。

针对以上的分析，笔者提出中国采掘业的节能政策：

确定合理的采掘业规模。模型发现，降低采掘业产业集中度有利于提高能源效率，这说明采掘业产业过于集中，竞争力不够，因此影响了能源效率。因此，笔者应适当减少采掘业的企业规模，促进多样化的市场竞争，提高采掘业的能源效率，这也是市场化发展的要求。采掘业是资金密集型行业，这就需要制定更合理的市场融资方式，依靠金融发展，促进采掘业的市场化竞争。

　　分区域制定能源政策以提高能源效率。对于东部地区,笔者应当主要通过提高能源输送效率,减少能源消耗,实现采掘业更多的节能。对于西部地区,由于其较大的增量,笔者应当通过能源消耗总量控制实现采掘业的节能。由于东西部地区的差异明显,政府在这方面通过政策来影响能源效率将大有可为。

　　加强能源价格改革。随着市场化的发展,能源价格的影响作用将更为显著。通过对中国采掘业的实证分析,笔者发现能源价格对采掘业能源效率的影响是显著的,因此,通过制定合理的能源价格,可以提高采掘业的能源效率,同时可以促进节能减排。节能投资需要有效的价格信号作为内在动力。因此,节能的根本问题是能源价格的市场化改革,通过能源价格改革,为用能企业提供要素价格的正确信息,促进节能技术的应用和节能投资的开展。

　　加强环境规制,减少环境污染,实现采掘业的节能。环境问题已经严重影响到人们的日常生活,通过更为严格的环境规制,减少污染气体的排放,是实现环境改善和节能的一举两得的措施。

第七章
中国采掘业节能与
碳减排潜力估计

　　通过前面的分析可以看出,中国采掘业具有较大的节能潜力。考虑到采掘业提供煤炭、石油等主要能源产品的生产和消费,同时作为国民经济的基础性产业,为我国国民经济生产提供了93％的能源、80％的工业原料和70％的农业生产资料,采掘业本身又是耗能较多的产业之一,历年能源消耗占到我国全部能源消耗的5％～8％,采掘业在国民经济中具有较高的地位。本章通过协整模型确定了采掘业工业增加值、FDI、能源价格、劳动生产率与采掘业能源需求量之间的长期均衡关系;进一步地,采用情景分析法,预测了不同节能政策下中国采掘业的能源需求量和节能量。研究结果表明:在基准情形下,到 2020 年,中国采掘业的能源需求量将达到 51 082.73 万吨标准煤。而在温和节能和高度节能情景下,2020 年的节能量将分别达到4 936.65万吨标准煤和 16 396.67 万吨标准煤,最高可实现节能32.10％。本章内容将为中国采掘业及其相关产业未来节能政策的制定提供参考。

　　本章接下来的结构安排如下:

　　第一节描述了中国采掘业能源需求现状,对采掘业的能源利用和产业发展进行了分析,阐述采掘业的重要性。

　　第二节将对中国采掘业的能效进行分析。

　　第三节将建立采掘业能源需求预测模型,分析采掘业能源消耗的影响因素,并对采掘业的能源需求和节能潜力做出了预测分析。

　　第四节是本章小结。

7.1　中国采掘业能源需求历史与现状 ●●➡

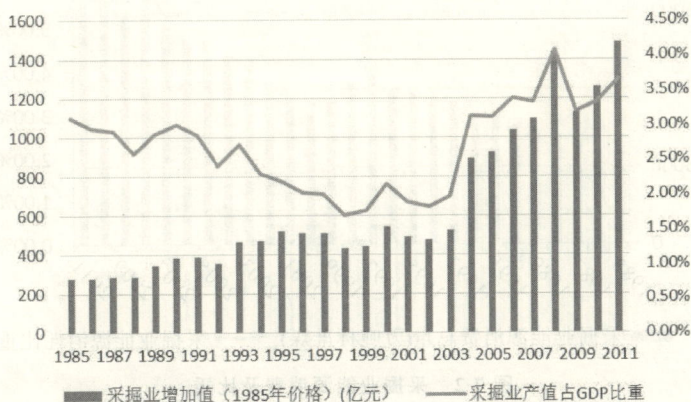

图 7-1　中国采掘业历年增加值及占 GDP 比重

数据来源:中国统计年鉴及中国工业统计年鉴。

　　从采掘业的增加值来看,中国采掘业的增加值呈现不断增加的趋势,同时其占 GDP 的比重最近几年也不断上升,约占到 3.5%。这是由于采掘业是基础的开采工业,其提供最基本的能源和矿物原料,经济的发展必然带来能源和矿物原料的大量需求,尤其是中国处于工业化和城市化的必经阶段,能源需求存在较强的刚性,同时随着城市化的加快,人们对生活水平的要求进一步提高,导致了更多的能源需求,带动采掘业的发展,所以采掘业的比重呈现不断上升的趋势。采掘业产值的不断增长带来能源消耗的不断增加(如图 7-2 所示),下面分析采掘业的能源消耗情况。

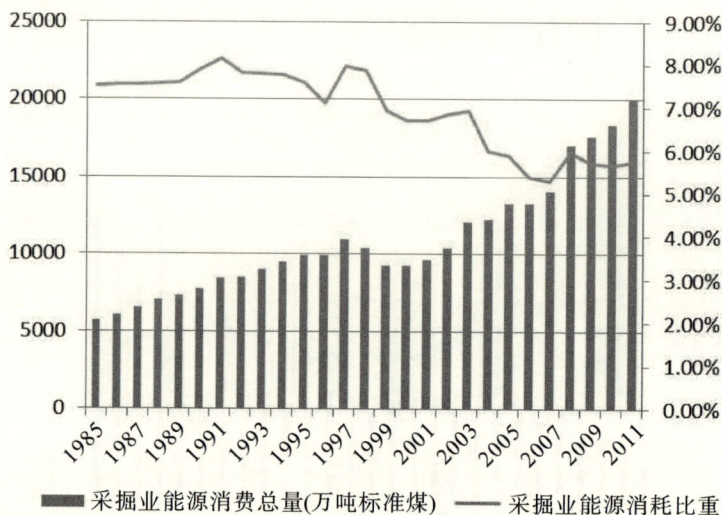

图 7-2　采掘业能源消费及比重

数据来源:中国能源统计年鉴。

采掘业是一次能源产出的重要行业,同时也是能源消耗的重要行业,根据 1985 年至 2011 年的统计数据,采掘业历年能源消耗占到我国全部能源消耗的 5%～8%,最高的时候达到8.14%。图 7-2 反映了 1985—2011 年中国采掘业能源消耗的情况,数据来源于中国能源统计年鉴。由图 7-2 可以看出,中国采掘业的能源消耗量呈现逐年上升的趋势,消费比重不断下降,逐渐稳定在 6％以下的水平。采掘业的能源需求不断上升,但是其比重不断下降,主要由于能源需求中煤炭比例的不断下降和进口量的不断增加。中国的能源对外依赖程度不断加深,再加上自身能源资源有限,巨大的能源需求增量将直接来自国外。在采掘业的能源消费中,电力占全社会用电量的比重也不小。

如图 7-3 所示,中国采掘业电力消费呈现逐年上升的趋势,然而其电力消费占全社会电力消费的比重呈现不断下降趋势,最近几年稳定在 5％以下,表明采掘业电力效率在不断提高。采掘业对电力的依赖程度较高,目前已经达到 45％左右的能源来自电力。电力需求必然不断增加,但是其占全社会的比重不断下降,说明采掘业电力需求的增速小于全社会电力需求增速,

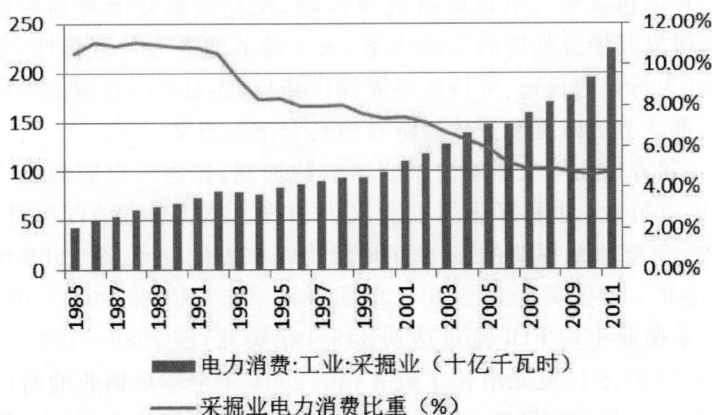

图 7-3　1985—2011 年中国采掘业电力消费及比重
数据来源:中国能源统计年鉴。

其他行业对电力的需求增长要高于采掘业。这是由于采掘业虽然能源需求在不断增加,但是相对来看其能源需求还是较为稳定的。

7.2 中国采掘业能效和投资 ●●➡

关于采掘业的能效,李充(2011)[114]研究表明,采掘业每提供 1 个单位产品需要消耗 0.34027 个单位的资源(剔除采选业的第二产业),资源利用率高于其他各部门。提高能源效率是工业降低温室气体排放最重要且成本最低的途径(Ernst Worrell 2009)[115]。而采掘业作为能源产出的重要行业,同时也是能源消耗的重要行业。当前中国已经面临较为严峻的能源资源稀缺、环境污染和二氧化碳排放等问题,探究采掘业能源利用情况,研究其能源强度的影响因素,未来的节能潜力与可行性,不仅可为行业的长远、可持续发展提供指导,还对保障我国能源供应,推动节能减排和低碳经济转型具有重要意义。

随着近几年全球能源供应紧张的加剧,作为一次能源的主要供应行业,对采掘业的投资大大加强。据 UNCTAD 统计,1990 年全球采掘业的 FDI 存量仅为 1 582 亿美元,至 2005 年已达 6 101 亿美元,是 1990 年的 3.85 倍。其中,2003—2005 年,采掘业年均 FDI 流量达到 448.9 亿美元,较 1989—1991 年间年均 94.8 亿美元增长了近 4 倍。2004 年全球采掘业的跨国收购额只有 168 亿美元,2005 年激增至 1 053 亿美元,其中,约 3/4 的跨国并购案例分布在石油和天然气领域。全球采掘业 FDI 投资大大促进了采掘业的发展,其对采掘业能效的影响如何? 这是本书将要研究的问题之一。

为预测中国采掘业未来的能源需求,本书将采掘业的能源消耗量作为研究对象,确定影响该行业能源需求的四个主要因素:采掘业工业增加值(YA)、采掘业外商直接投资(FDI)、燃料价格(P)和劳动产出(L),并选取相应的衡量各因素的指标作为自变量。通过协整模型得到各变量之间存在的长期均衡关系,并利用所得到的模型表达式对未来中国采掘业的能源需求进行预测。最后根据预测得到不同情景下的能源需求量,计算出两种节能情景下分别能节约的能源需求量。

7.3　中国采掘业能源需求模型

7.3.1 理论经济学模型

通过查找文献资料发现,国内外文献对于转型期的中国采掘业的研究很少,尤其是用经济学的方法分析整个行业的节能潜力的研究还处于空白。现有的研究表明,影响一个行业能源强度的因素是多方面的。由于一些微观方面的数据难以获得,因此,本书试图从行业增加值、外商直接投资、价格和劳动生产率着手,研究这些因素与采掘业能源消费量之间的长期关系。正是基于这种多因素的、时间序列的分析特点,笔者采用协整的分析方法。

现实中,经济变量的时间序列往往不平稳。但是,如果存在一个由这些变量构成的平稳的线性组合,则说明序列存在协整关系,变量之间存在长期均衡。但是需要注意,只有同阶单整序列之间存在协整关系。

笔者进行协整分析前,首先必须进行单位根检验,确定时间序列的平稳性,一般用 ADF 单位根检验、PP 检验和 KPSS 检验三种方法。

ADF 单位根检验程序基于如下的 OLS 回归:

$$\Delta z_t = \beta_0 + \alpha_0 t + \alpha_1 z_{t-1} + \sum_{i=1}^{m} \beta_i \Delta z_{t-i} + \varepsilon_t \qquad (7-1)$$

其中,z_t 为 t 期的变量;Δz_{t-1} 为 $z_{t-1} - z_{t-2}$;ε_t 是均值为 0,方差为 σ^2 的标准正态分布;t 为线性时间趋势,m 为滞后阶数。

检验 z_t 中出现单位根(即 $z_t \sim I(1)$)的原假设,等价于检验方程(7-1)中 $\alpha_1 = 0$ 的原假设。如果 α_1 显著小于零,则拒绝单位根的原假设。

PP 检验类似于 ADF,但 PP 检验法对残差的异方差和自相关性不敏感。因为 ADF 检验和 PP 检验对小样本数据可能缺乏效力,而 KPSS 平稳性检验在选择较小的滞后截断参数(lag truncation parameters)时,对小样本较为有效(Jean Bosco and Bruno Larue,1997)。为综合评价时间序列的稳定性,本书使用 ADF 和 PP 两种方法。

如果各时间序列都是同阶单整的,就可以进一步检验协整关系的存在。最常用的检验方法是 Engle 和 Granger(EG)的两步法,还有 Johansen 和 Juselius(JJ)的极大似然法。前者适应于单方程的协整检验,JJ 法不仅能检验出变量之间是否存在协整关系,还可以准确确定出协整向量个数。本研究由于使用多个变量的事实,选择使用 JJ 法研究变量之间的协整关系。

林伯强(2003)[116]通过协整模型得出结论,经济增长是影响中国电力需求的主要因素。何晓萍、刘希颖、林艳苹(2009)首次将城市化因素引入电力需求协整模型,认为中国电力需求必然会呈现出一些发达国家在城市化进程中曾出现过的特征。

Zhujun(2012)运用协整模型,分析了工业化和城市化对中国能源需求的影响,认为中国的能源需求是由特定的经济发展阶段决定的。

7.3.2 数据来源

为了研究中国采掘业能耗的影响因素以及预测采掘业未来的节能潜力,本书选取中国 1985—2011 年的采掘业工业增加值、采掘业 FDI 比重、能源价格和劳动生产率 4 个因素作为解释变量,具体分析其对采掘业能源消耗量的影响。为了表述上的方便,笔者对上述 4 个指标分别用大写字母 YA、FDI、P 和 L 表示。

笔者选择 YA、FDI、P 和 L 作为影响节能潜力的影响因素。中国采掘行业能源强度函数可以表示为如下公式:

$$E = f(YA, FDI, P, L) \tag{7-2}$$

其中 E 表示采掘业能源消费量,YA 代表采掘业工业增加值,FDI 代表采掘业外商直接投资占全部外商直接投资的比重,P 代表能源价格,L 表示劳动生产率。为消除异方差,笔者对变量进行了对数化处理。

由于部分指标 1985 年之前的数据难以获得,本书使用 1985—2011 年的年度时间序列。所用数据来源于历年《中国统计年鉴》、《中国科学技术统计年鉴》、CEIC 中国经济数据库以及《中国能源统计年鉴》、《造纸统计年鉴》。本书用燃料购进价格指数代表能源价格来讨论价格弹性的作用,根据燃料购进价格指数的历史走势对价格的影响进行分析。考虑价格因素的影响,本研究对本书的数据均以 1985 年为基年进行了平减处理。

(1)采掘业工业增加值(YA)

GDP 在很大程度上可以反映经济发展水平、经济活跃程度、人民生活质量等综合水平,进而影响能源消耗量,同样,在一个工业行业内部,采掘业工业增加值对其能源消费具有比较直观的影响。因此,本书选取采掘业工业增加值作为影响采掘业能源消耗的一个重要的变量。采掘业是能源的主要生产行业,大部分行业都需要采掘业的能源供给,或者与其直接或间接地产生关系。事实上,国内生产总值在很多文献中被认为是能源消费的最重要的决定因素。Kraft 和 Kraft(1978)最早发现,在1947—1974 年期间,美国存在 GNP 到能源消费的单向因果关系;20 世纪 90 年代,日本发展了可视化经济学(Visual Economics)计量经济模型,根据 GDP 及部门增加值等宏观经济参数预测国家和地区能源消费;Apergis 与 Payne(2009)运用面板协整和误差修正模型对 6 个中美地区国家能源消费和经济增长之间关系进行检验。本书历年采掘业工业增加值的数据来源于CEIC 统计数据库及中国工业统计年鉴,折算成 1985 年不变价。

虽然采掘业增加值和 GDP 的变化在 1995—2005 年出现较大的反向变化趋势,但是整体来看,其变化趋势仍然一致。从比例来看,采掘业产值平均占到 GDP 的 2.68%,但是消耗了 6%以上的能源,从单位产出的能耗来看,采掘业能源消耗较大。然而,由于采掘业的工业附加值不高,其提供的都是能源资源类的初级产品,所以导致单位产出的能耗较大。

(2)外商直接投资比重(FDI)

外商直接投资是影响采掘业能源消费的又一重要因素。1990 年全球采掘业的对外直接投资存量只有 1 582 亿美元,2005年增长到 6 101 亿美元,15 年内外商直接投资增长了 4 519 亿美元,增速并不高。在 2003—2005 年,采掘业年均外商直接投资单位：亿元   单位：亿元

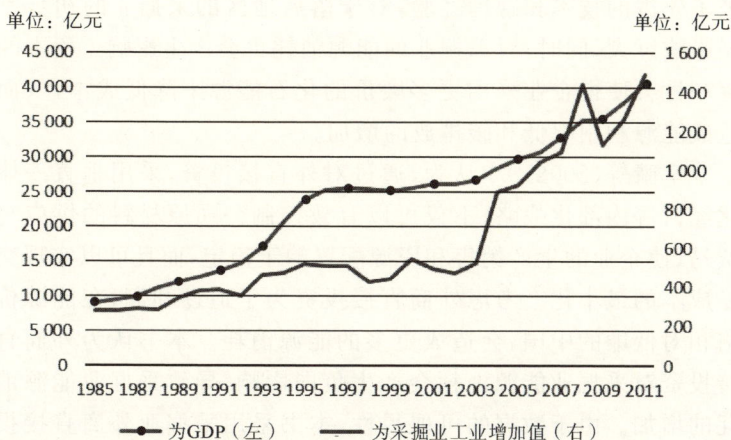

图 7-4 采掘业工业增加值和 GDP 变化趋势图
数据来源：国家统计局。

流量达到 448.9 亿美元，而 1989—1991 年只有年均 94.8 亿美元，增长了近 4 倍[117]。

2003—2005 年，采掘业占全球 FDI 流入额的比重为 12%。对外直接投资会对采掘业的生产和技术产生影响，进而影响其产出和能源消耗。无论是发达国家还是发展中国家，采掘业对外直接投资的都受到越来越多的重视。而发展中国家投资采掘业的速度更快，1989—1991 年年均只有 2.45 亿美元，而 2003—2005 年增加到年均 37.23 亿美元，增长了 14 倍以上；发达国家的增长也很显著，同一时期采掘业投资从年均 92.35 亿美元增加至年均 416.34 亿美元，增加了 3 倍多。在 2003 年，我国采矿业对外投资仅仅为 13.8 亿美元，而到了 2009 年年末，就已达到了 133.4 亿美元，几乎增加了 9 倍。

对外直接投资通过资本的引进促进采掘业的开发，同时带来了先进的技术和管理经验,对于落后地区的采掘业的初步发展影响巨大,同时,对采掘业的能源消耗也会产生影响。资本的逐利性会使得企业采用更多廉价的化石能源来降低成本,从而造成能源利用率低和碳排放的增加。

辛晴等(2008)[117]认为,通过对外直接投资,采用垂直一体化经营等内部化战略,不仅可以有效控制公司原材料的供应与贸易,使企业的生产销售和资源配置趋于稳定,而且可以实现交易成本的最小化。考虑外商直接投资为了追逐利润,在能源价格相对低廉的中国,会造成更多的能源消耗。本书认为外商直接投资对采掘业能源消耗会产生负向影响,导致采掘业能源消耗的增加。由于数据的可取得性,本书采用采掘业外商直接投资实际利用外资金额占总金额的比重作为横向指标,数据来自CEIC数据库。

(3)能源价格(P)

能源价格是降低单位 GDP 能耗的重要影响因素之一(Kaufman,1992)。按照需求函数的定义,价格是决定能源需求的主要的因素,因此,中国燃料购进价格水平也是中国采掘业能源消耗量的一个无法忽略的解释变量。由于我国能源价格大部分由政府制定和管制,没有体现资源稀缺性和环境影响性,能源价格都偏低。能源价格是一个复杂而敏感的问题,本书选用燃料购进价格指数。根据经济学的基本原理,能源消费与价格之间应该呈现负相关关系。各年的《中国统计年鉴》中提供了历年燃料动力类购进价格指数的环比指数(即上年=100),本书将1985—2011年燃料零售价格指数统一折算为 1985＝100 的定基价格指数。

(4)劳动生产率(L)

能源使用效率的提高取决于全要素生产率的增长速度(Boyd

and Pang,2000）。基于全要素生产率理论框架,Mukherjee(2008)
发现劳动生产率的提高有助于能源效率的提高,从劳动生产率的
角度指出,较高的劳动生产率对能源强度(能源效率)有积极意
义。但是同时,劳动生产率的提高很多是由能源替代带来的,随
着机械化水平的提高和劳动力价格的上升,企业选择消耗更多
的能源以替代劳动力,这样,劳动生产率的提高反而增加了能源
消费。笔者选取单位劳动产出作为衡量劳动生产率的标准。

　　劳动生产率的提高,其实本质上体现了技术进步的影响。
技术进步对产业发展和能源消耗的影响是比较直接的。Huang
(1993)、Sinton 和 Fridley(2000)认为中国能耗下降主要得益于
工业部门能源效率的提高,而非部门结构的变动,而能源效率的
提高一般是由技术进步带来的。齐志新、陈文颖(2006)用拉式
分解法分析了中国 1980—2003 年中国宏观能源强度和工业部
门能源强度的影响因素,发现技术进步是主要因素。

　　在采掘业中,霍雅勤(2005)通过对 1986—1998 年中国矿产
资源采掘业技术进步速度与贡献指标的测算,认为技术进步对
采掘业产出的贡献较小(26.59%)、资金贡献最大(61.60%)、劳
动贡献最小(11.81%)、中国矿产资源采掘业规模效益递减[119]。

　　基于上述假定,笔者选择 YA、FDI、P 和 L 作为影响中国
采掘业节能潜力的影响因素。为消除异方差,本书对变量进行
了对数化处理,即 lnYA、lnFDI、ln$P$ 与 ln$L$。

7.3.3 数据检验

（1）单位根检验

　　笔者首先进行单位根检验。表 7-1 中给出了所有 5 个变量
的水平序列和一阶差分序列的单位根检验。

表 7-1　单位根检验

	ADF		PP	
	无趋势	有趋势	无趋势	有趋势
lnE	0.092644	−1.280087	0.092644	−2.132616
lnYA	−0.101940	−2.132616	0.193754	−2.202655
lnFDI	0.712757	−3.369626	−0.523726	−3.252619
lnP	−1.781344	−1.391951	−1.781344	−1.391951
lnL	0.015686	−2.969953	0.648268	−2.874855
ΔlnE	−4.267097***	−4.220745**	−5.763749***	−4.220065**
ΔlnYA	−5.664614***	−5.623854***	−5.763749***	−5.766545***
ΔlnFDI	−6.423996***	−6.902603***	−13.24733***	−16.58456***
ΔlnP	−4.569015***	−4.971349***	−4.569015***	−4.971349***
ΔlnL	−5.527619***	−5.462334***	−6.804672***	−7.613450***

注:***,** 和 * 分别表示 1%、5%和 10%。

资料来源:作者制表。

由表 7-1 可以看出,ADF 检验、PP 检验都说明以上 5 个变量对各变量的水平序列都无法拒绝存在单位根的原假设,皆是一阶单整的,满足进行协整的条件。对于各变量的差分序列,检验都拒绝了存在单位根的原假设。因此,笔者认为,5 个变量都是一阶平稳的,由此,笔者进行协整检验。

(2)Johansen-Juselius 协整秩检验与极大特征根检验

协整检验结果见表 7-2 和 7-3。

表 7-2　Johansen-Juselius 协整秩检验结果

假定的 CE 数量	特征值	趋势统计量	5%临界值	概率
无 *	0.825902	116.3355	69.81889	0.0000
最多 1 个 *	0.783881	74.38023	47.85613	0.0000

续表

假定的 CE 数量	特征值	趋势统计量	5％临界值	概率
最多 2 个 *	0.629069	37.61396	29.79707	0.0052
最多 3 个	0.354362	13.81219	15.49471	0.0882
最多 4 个	0.128895	3.311818	3.841466	0.0688

注:样本区间(调整):1985—2010;

趋势假设:线性确定趋势;

时间序列:(lnYA、lnFDI、lnP、lnL);滞后步长＝2 秩检验表明在 5％的显著性水平上存在 3 个协整方程;

* 表示以 5％的显著水平拒绝原假设;

* * P 值来自 MacKinnon-Haug-Michelis(1999)。

资料来源:作者制表。

表 7-3　极大特征根检验

假定的 CE 数量	特征值	极大特征值统计量	5％临界值	概率
无 *	0.825902	41.95528	33.87687	0.0044
最多 1 个 *	0.783881	36.76627	27.58434	0.0025
最多 2 个 *	0.629069	23.80177	21.13162	0.0205
最多 3 个	0.354362	10.50037	14.26460	0.1811
最多 4 个	0.128895	3.311818	3.841466	0.0688

注:最大特征根检验说明在 5％的显著水平上存在 3 个协整方程;

* 表示以 5％的显著水平拒绝原假设;

* * P 值来自 MacKinnon-Haug-Michelis(1999)。

资料来源:作者制表。

包含常数项与时间趋势项的协整秩迹检验结果表明,可以在 5％的置信水平上拒绝"协整秩为 0"的原假设(116.3355＞69.81889),存在 3 个线性无关的协整向量(表 7-2 中打星号者)。而最大特征值检验也表明,可以在 5％的置信水平上拒绝"协整秩为 0"的原假设(41.95528＞33.87687),但无法拒绝"协整秩为3"的原假设(10.50037＜14.26460)。

秩检验结果表明,存在线性无关的协整向量,因此可以进行协整分析。笔者首先建立由 lnE、lnYA、lnFDI、lnL、lnP 构成的 VAR 模型,接下来检验该系统所对应的 VAR 表示法(VAR representation)的滞后阶数,检验结果如下所示。

(3)VAR 模型滞后阶数选择

根据 Belloumi(2009),为分析变量间的协整关系,笔者首先构建由 lnE、lnYA、lnFDI、lnL lnP 构成的 VAR 模型。笔者首先需要根据 logL、LR(sequential modified LR test statistic)、FPE(Final prediction error)、AIC(Akaike information criterion)、SC(Schwarz information criterion)和 HQ(Hannan-Quinn information criterion)6 个准则来确定各变量的最优滞后阶数。

表 7-4 中,根据 logL、LR、FPE(Final Prediction Error)、AIC、HQIC 和 SBIC 等准则选择滞后阶数皆为二阶(表中星号所对应的阶数表明该准则选择的滞后阶数)。

表 7-4　滞后阶数选择

滞后阶数	logL	LR	FPE	AIC	SC	HQ
0	30.69033	NA	8.81e−08	−2.055227	−1.811452	−1.987614
1	155.0459	189.0204	3.26e−11	−10.00367	−8.541019	−9.597993
2	198.6926	48.88434 *	9.67e−12 *	−11.49541 *	−8.813882 *	−10.75167 *

注:内生变量:LNE LNYA LNFDI LNL LNP;

外生变量:C;样本区间:1985—2011 年;* 表示根据该准则选定的阶数。

LR:连续修正 LR 检验统计量(在 5% 水平显著);FPE:最终预测误差;AIC(Akaike):信息准则;SC(Schwarz):信息准则;HQ(Hannan-Quinn):信息准则。

资料来源:作者制表。

（4）协整模型结果

笔者根据标准化协整向量系数，可以建立相应的协整方程：

$$\ln E = -6.255246 + 1.263599 \times \ln YA + 1.049301 \times \ln FDI - 0.465532 \times \ln P + 0.872312 \times \ln L$$

（0.26913）　　　（0.53181）　　　（0.19921）　　　（0.39661）

［−4.69506］　　　［−1.97308］　　　［2.33688］　　　［−2.19943］

$$(7\text{-}3)$$

从以上标准化方程笔者可以得到以下几个结论：

第一，协整方程表明了 1985—2011 年期间变量之间存在长期均衡关系；

第二，方程右边变量 lnYA、lnFDI、lnNL 的系数符号为正，变量 lnP 的系数为负，这个结果验证了之前笔者的判断，是符合社会经济现实的。

第三，随着工业增加值的增长，能源消耗和工业化与城市化的进行会增加煤炭、石油和电力等能源需求，进而带动采掘业能源消耗量的增加。弹性系数表明，采掘业工业增加值每增长 1％就会带来采掘业能源消耗量增加 1.26％。工业增加值的弹性系数比较符合经济情况，说明中国近 30 年来快速的经济增长是带动中国采掘业能源需求量增长的主要原因之一。

第四，外商直接投资会带来采掘业能源消耗的增加。要追求利润最大化，外商直接投资会带来先进的技术设备和管理经验，从而提高企业效率，但由于中国能源价格低廉且有政府补贴，外商直接投资反而会带来能源消耗的增加。采掘业 FDI 的比例每增加 1％，就会导致采掘业能源消耗量增加 1.05％。能源价格的上涨会带动采掘业能源需求的增加，这主要是因为采掘业是一次能源的主要生产产业，提供了我国 93％的能源。在采掘业中,对很多行业中国一直采取鼓励引进外资的政策。
2002 年 4 月 1 日起施行的《外商投资产业指导目录》表明,采掘
业中鼓励外商投资的产业目录包括[①]:(1)石油、天然气的风险
勘探、开发;(2)低渗透油气藏(田)的开发;(3)提高原油采收率
的新技术开发与应用;(4)物探、钻井、测井、井下作业等石油勘
探开发新技术的开发与应用;(5)煤炭及伴生资源勘探、开发;
(6)煤层气勘探、开发;(7)低品位、难选冶金矿开采、选矿(限于
合资、合作,在西部地区外商可独资);(8)铁矿、锰矿勘探、开采
及选矿;(9)铜、铅、锌矿勘探、开采;(10)铝矿勘探、开采;(11)
硫、磷、钾等化学矿开采、选矿。从这些不同的行业可以看出,外
资在这些目录中具有相对较高的技术优势,国家希望加大开发
力度。而限制外商投资的产业目录包括:(1)钨、锡、锑、钼、重晶
石、萤石等矿产勘查、开采;(2)贵金属(金、银、铂族)勘查、开采;
(3)金刚石等贵重非金属矿的勘查、开采;(4)特种、稀有煤种勘
查、开发;(5)硼镁石及硼镁铁矿石开采;(6)天青石开采。这些
产业比起鼓励的产业,能耗相对较小,从而验证了外商投资对采
掘业能源消耗的影响。

第四,能源价格弹性系数为负,每上涨 1% 就会导致采掘业
能源消耗量减少 0.46%。能源价格的弹性相对较小,说明中国
由于能源价格长期受到政府管制,使得其对采掘业能源消耗量
的抑制作用不够大。同时,能源价格的上涨会带动煤炭、石油生
产产量的增加,从而使得整个采掘业能源需求增加,能源产量的
增加抵消了部分能源消耗因素的影响,从而使得能源价格对能
源消耗的抑制作用减小,表现为较小的价格弹性。

---

① 中华人民共和国国家发展计划委员会,《外商投资产业指导目录》.
http://www.sdpc.gov.cn/zcfb/zcfbl/zcfbl2003pro/t20050707_27404.htm.

第五,劳动生产率的提高,使得采掘业能源消耗增加,这是因为,随着工业化的进行,刘易斯拐点的到来使得劳动力价格不断提高,企业更多地会选择用机器替代劳动力,再加上目前中国能源价格存在政府补贴,从而企业会选择消耗更多的能源。劳动生产率每增加1%,就会导致采掘业能源消耗量增加0.87%。

综上对模型结果的分析,本书认为该模型结果符合经济理论的预期,对中国采掘业的现实具有较好的解释能力。以下对模型进行稳定性检验,如图 7-5 所示。

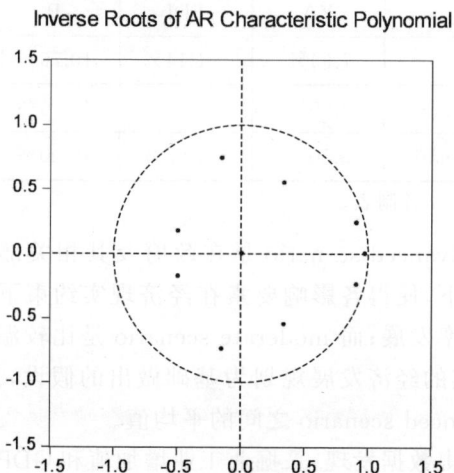

图 7-5　模型稳定性的检验

资料来源:作者制图。

如图 7-5 所示,伴随矩阵的所有特征值均小于 1,没有特征根落在单位圆外,平稳性检验结果表明,模型满足稳定性条件。

7.4 采掘业节能潜力和节能量的估计 ●●➡

为研究未来的节能潜力,笔者结合上面的历史情景,设置三种能源消耗情景:基准(BAU)、节能情形一(moderate scenario)和节能情形二(advanced scenario,见表7-5)。

表 7-5 中国采掘业能源消耗情景假设

变　量	YA	FDI	P	L
BAU	7.94%	−1.14%	10.76%	7.30%
moderate scenario	7.00%	−0.80%	13.00%	7.00%
advanced scenario	6.50%	−1.00%	15.00%	6.80%

资料来源:作者制表。

其中,advanced scenario是在政府及其相关部门通过一定的政策激励下,使得各影响要素在经济现实约束下按最大限度节能的增长率发展;而moderate scenario是比较温和的节能情景,是以现实的经济发展规划为基础做出的假设,是介于BAU情景与advanced scenario之间的平均值。

观察历史数据发现,采掘业工业增加值和GDP的增长速度近乎一致,因此,笔者用GDP的增速来设定采掘业工业增加值的增速。对于GDP的增长速度,《中国经济崛起对中国食物和能源安全及世界经济影响的预测》报告假定中国未来20年经济还将保持快速增长,GDP年均增长率在近5年将保持在8%左右,2010—2015年在7%~8%,2016—2020年在6%~7%。2011年提出的《中华人民共和国国民经济和社会发展第十二个

五年规划》中,指出在今后五年内国内生产总值计划以 7% 的年
均增长速度增长。考虑到中国已高速发展多年,目前人们对生
活水平提出了更高的标准,经济增速已不再是首要的考核目标,
将不断降低。本书将 6.5% 这个增长速度作为在 advanced sce-
nario 下采掘业工业增加值的增长速度。相应地,在 moderate
scenario 下 GDP 年均增长速度更贴合经济现实,在 BAU 情景
与 advanced scenario 之间取值,设定为 7.0%。

采掘业外商直接投资,随着中国经济的快速发展,本国资本
实力大幅提升,外商直接投资呈现不断下降的趋势。1985—
2001 年高达 28.2%,2002—2011 年下降为 9.8%,而其中采掘业
所占的比例更是不断下降。因此,笔者假定 moderate scenario
下的采掘业外商直接投资年均增长率为 -0.5%,在 Advanced
scenario 下这个年均增长率为 -1%。中国外商投资产业目录
中关于采掘业的鼓励和禁止项中,先后经 1997 年、2002 年、
2004 年、2007 年、2011 年不断调整。从 2007 年开始,我国重点
鼓励非常规能源的开发,2012 年新的外商投资产业鼓励目录中
(2011 年修订),采掘业的重点鼓励包括:(1)煤层气勘探、开发
和矿井瓦斯利用(限于合资、合作);(2)石油、天然气的风险勘
探、开发(限于合资、合作);(3)低渗透油气藏(田)的开发(限于
合资、合作);(4)油页岩、油砂、重油、超重油等非常规石油资源
勘探、开发(限于合资、合作);(5)页岩气、海底天然气水合物等
非常规天然气的资源勘探、开发(限于合资、合作)。这些非常规
能源开发难度较大,能源利用效率较低。笔者认为鼓励外商直
接投资投入这些行业将降低整个采掘业的能源效率,从而使得
外商直接投资对采掘业节能产生更多的负效应。

根据经济学理论,能源价格对能源消费起到最直接的抑制
作用。然而,众多的研究成果表明,如果将能源消费的代际问题

以及环境成本考虑在内,当前的能源价格绝大多数是被低估的(Liao,H. and Wei,Y.M.,2010)。随着能源短缺问题的日益凸显,避免能源价格过低进而造成能源被过度消费是缓解能源短缺的有效手段。考虑到历史情况,本书将 moderate scenario 下的燃料价格年均增长率设定为 7.0%,在 advanced scenario 下这个年均增长率达到 6.5%。

以上对各变量增长率分情形的设定充分结合了中国的实际国情和经济理论的判断,各变量在不同情形下的增长率都是合理并且可以实现的。

根据前文协整方程的表达式以及上述对影响中国采掘业能源消费量的各个变量的增长率进行分情形设定,笔者可以预测得到不同情形下未来中国采掘业的能源消耗量如图 7-6 所示。

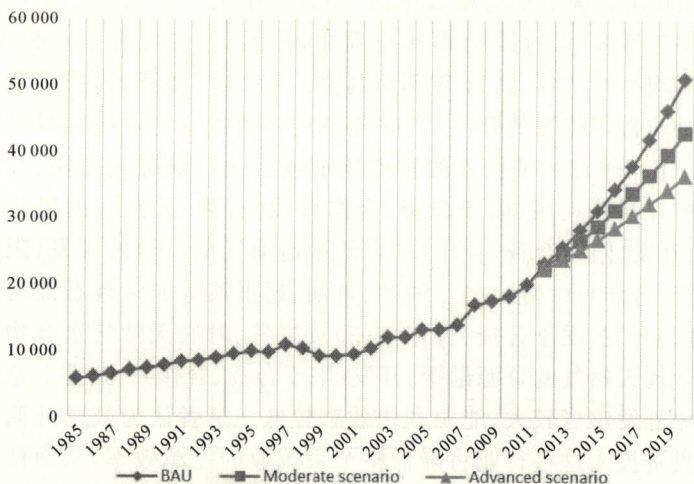

图 7-6 中国采掘业能源消耗量分情景预测(单位:万吨标准煤)
资料来源:作者制表。

从表 7-6 中可以看到,预测得到的 2015 在 moderate sce-
nario 下中国采掘业的能源消耗量为 28 915.437 万吨标准煤,在
advanced scenario 下中国采掘业的能源消耗量为 26 924.405 万吨
标准煤,相比较同年基准情景下的能源消耗量分别下降了7.41%
和13.7%。预测得到的 2020 年在 moderate scenario 下中国采掘
业的能源消耗量为 42 962.083 万吨标准煤,在 advanced scenario
下中国采掘业的能源消耗为 36 590.818 万吨标准煤,相比较同
年基准情景下的能源消耗量分别下降了 15.8%和 28.3%。

国务院发展研究中心预测,到 2020 年,中国能源需求将达
到 50 亿吨标准煤,能源的需求是巨大的。下面分析 2020 年采
掘业的节能量以及对全社会能源需求量的影响。为了估计未来
的节能量,笔者设置了两种节能情景。节能情景一表示采掘业
能源消费从基准情景(BAU)转向中等节能情景(moderate scenar-
io)。相应地,情景二则表示采掘业能源消费从基准情景转向高等
节能情景(advanced scenario)。根据对中国采掘业能源消耗量预
测的结果,笔者可以计算得到两种节能情景下的节能量以及各自
的节能量占全社会能源需求量的比重,如表 7-7 所示。到 2020
年,在两种情形下,采掘业的节能可以分别达到全社会能源需求
的 0.86%和 2.90%。由于总量巨大,节能量非常可观。

表 7-6　中国采掘业能源消耗量预测

单位:万吨标准煤

	2015 年能源消耗量	年均增长	2020 年能源消耗量	年均增长
BAU	31 228.202	13.99%	51 082.727	12.72%
Moderate scenario	28 915.437	11.10%	42 962.083	9.72%
Advanced scenario	26 924.405	8.61%	36 590.818	7.18%

资料来源:作者制表。

表 7-7　中国采掘业的节能量及对全社会能源需求的影响

单位:万吨标准煤

年份	节能情景一			节能情景二		
	采掘业节能量	对采掘业能源需求的影响	对全社会能源需要的影响	采掘业节能量	对采掘业能源需求的影响	对全社会能源需要的影响
2015 年	2 312.765048	7.41%		8 120.6443	26.00%	
2020 年	4 303.797256	8.43%	0.86%	14 491.909	28.37%	2.90%

资料来源:作者制表。

　　根据中国国家统计局的数据,2011 年,台湾能源需求量为 1 411.02 亿升标准油,按照 1 吨油当量相当于 1.4286 吨煤,台湾 2011 年能源需求为 15 782.87 万吨标准煤。从表 7-7 中可知,中国采掘业未来节能潜力较大。若中国采掘业从能源消费现状模式转入节能情景一模式,2020 年,可节能 4 303.7 万吨标准煤,占 2020 年全社会能源需求量的 0.86%,相当于台湾 2011 年能源消耗总量的 27%;若中国采掘业从能源消费现状模式转入节能情景二模式,到 2020 年,可节能 14 491.909 万吨标准煤,占全社会石油需求量的 2.9%,相当于台湾 2011 年能源消耗总量的 92%。采掘业能源消费对全社会节能产生明显作用,节能潜力很大。

7.5　采掘业碳排放量和碳减排潜力的估计 ●●➡

　　前文估计了采掘业的能源需求量,据此笔者预测采掘业的碳排放量和碳减排潜力。

假定采掘业的能源结构不变,根据前面的节能情景假设,2015 年和 2020 年的碳排放情况如表 7-7 所示。

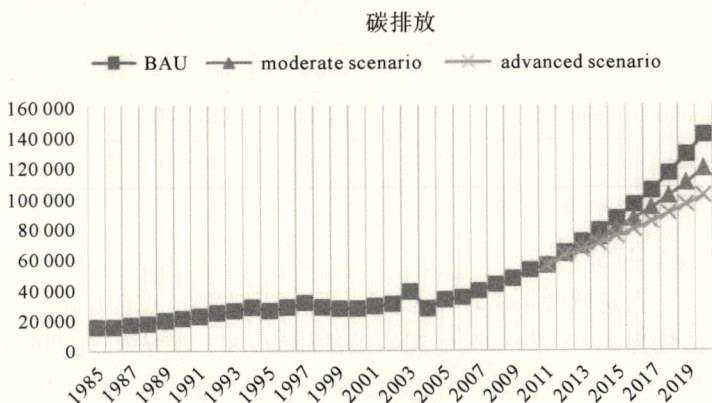

图 7-7 中国采掘业碳排放情景预测(单位:万吨)

资料来源:作者制表。

从表 7-8 中可以看到,预测得到 2015 年在情景一下中国采掘业的碳排放为 79 781.454 万吨,在情景二下中国采掘业的碳排放为 74 287.937 万吨,相比较同年基准情景下的碳排放分别下降了 7.4% 和 13.8%。预测得到 2020 年在情景一下中国采掘业的碳排放为 118 537.98 万吨,在情景二下中国采掘业的碳排放为 100 958.83 万吨,相比较同年基准情景下的碳排放分别下降了 15.8% 和 28.3%。

2011 年,中国的二氧化碳排放量达 89.79 亿吨,占全球总排放量的 26.4%(BP,2012)。据此估计,在减排情景一下,2015 年中国采掘业的二氧化碳排放减排量约占 2011 年中国排放总量的 0.7%,2020 年占到 2.5%。在减排情景二下,2015 年中国采掘业的二氧化碳排放减排量约占 2011 年中国排放总量的1.3%,

表 7-8　中国采掘业碳排放情景分析

单位:万吨

	2015 年碳排放量	年均增长	2020 年碳排放量	年均增长
BAU	86 162.673	82.57%	140 943.89	12.72%
moderate scenario	79 781.454	74.60%	118 537.98	9.72%
advanced scenario	74 287.937	67.75%	100 958.83	7.18%

资料来源:作者制表。

2020 年占到 4.5%。

　　更直观地做个比较,2011 年,瑞士碳排放 40.6 百万吨,丹麦碳排放为 47 百万吨,奥地利的碳排放为 68.1 百万吨,比利时碳排放 145.6 百万吨,埃及的碳排放为 211.7 百万吨,法国为 375 百万吨,意大利为 430.2 百万吨。则减排情景二下,2020 年中国采掘业的碳减排量接近整个意大利 2011 年的碳排放总量,超过法国碳排放量,相当于埃及的 2 倍,比利时的 2.7 倍,奥地利的 5.9 倍,丹麦的 8.5 倍,瑞士的 10 倍。由此来看,中国采掘业的碳减排能够为世界碳减排做出很大的贡献(见表 7-9)。

表 7-9　中国采掘业碳减排潜力估计

单位:万吨

年份	碳减排情景一		碳减排情景二	
	采掘业碳减排量	对采掘业碳排放的影响	采掘业碳减排量	对采掘业碳排放的影响
2015 年	6 381.2197	7.41%	11 874.737	13.78%
2020 年	22 405.914	15.90%	39 985.063	28.37%

资料来源:作者制表。

7.6　本章小结 ●●➡

　　本章试图通过分析中国采掘业的能源消耗影响因素,研究中国采掘业的节能潜力。笔者使用年度时间序列数据估计了1985—2011年采掘业工业增加值、采掘业外商直接投资、燃料价格和劳动生产率这四个影响因素对中国采掘业能源消费量的影响系数。应用协整分析技术和误差修正模型,本书估计了中国采掘业的能源消费量,并且考察了采掘业工业增加值、采掘业外商直接投资、燃料价格和劳动生产率这四个影响因素对采掘业能源消费量的长期弹性,表明:为提高采掘业的能源利用效率,进一步缩小节能潜力,需要更为积极的节能政策。为此,进一步的情景分析法表明,在各种节能政策的推动下,未来采掘业能源消费量的上升幅度会越来越小,节能潜力会进一步缩小,由此所导致的节能量也较为可观。

　　实现采掘业的节能降耗是一个包含能源价格、技术提高、能源替代等各种因素综合在一起的复杂系统工程。但本书的研究结论可以为未来中国采掘业节能政策的方向和重点提供参考。

　　主要结论如下:

　　第一,协整方程表明了1985—2011年期间所选取的变量之间存在一个长期稳定的关系。并且正如所预期的那样,工业增加值、FDI、劳动生产率的系数符号为正,能源价格的系数为负,这个结果验证了之前笔者的判断,是符合采掘业的行业特征和能源需求特征的。

　　第二,工业增加值对采掘业热力消耗量的弹性系数为1.26,这符合中国所处的经济阶段特征,能源需求是刚性的,即经济快速发展的同时,能源需求通常会随之快速上升。工业增加值的弹性系数较大,说明采掘业的产出增长是带动其能源需求量快速增长的主要原因。所以,笔者要节能,但是不能忽略 GDP 增长的影响,制定节能目标需要充分考虑经济发展情况。

第三,FDI 的引进对于采掘业的能源消耗具有负向作用,其弹性系数为 1.05。中国经济经过 30 多年的快速发展,在资本和技术方面都取得了很大进步。在面临节能减排压力的今天,从采掘业节能的角度来看,引入外资应该重新考虑。

第四,能源价格的系数为负,且弹性较小,主要原因在于采掘业是个特殊的行业,既消耗能源,又产出能源,产出效应抵消了部分的能源消耗。虽然结果显示能源价格对采掘业能源消耗的影响是显著的,主要原因在采掘业的产出方面,提高价格抑制了采掘业的能源消耗,但是产出的能源价格同样上涨,从而刺激了生产。因此,能源价格对采掘业的节能影响并不是很大,通过价格改革促进节能,采掘业需要考虑能源产出效应的影响。

第五,劳动生产率的弹性系数为 0.87,对降低能源消耗具有负向的作用。能源对劳动力的替代将随着劳动产出的上升而上升,从而增加了能源消耗。从节能的角度来看,提高劳动生产率并不能促进节能。

第六,中国采掘业具有很大的节能潜力和碳减排潜力,本章估计了 2015 年和 2020 年采掘业节能和碳减排潜力,发现无论从绝对量还是相对量来看,中国采掘业的节能和碳减排潜力都非常可观。

根据本章估计的节能潜力结果,采掘业具有很大的节能潜力和碳减排潜力。通过减少外商直接投资、提高能源价格、减轻能源对劳动力的替代,可以降低采掘业的能源消耗,能够有效减轻未来全社会能源消耗和碳排放的压力。

第七，合理控制外商投资的规模。改革开放以来，中国大量引进外商投资，获得了先进的技术和充沛的资金，外商投资在经济发展中发挥了巨大的作用。但是今天中国的经济发展已经取得较为显著的成绩，自身资金和技术均达到一定的水平，面对能源消耗和碳排放的巨大压力，通过自身的努力和科学的政策，合理控制外商直接投资的规模，对于节能减排具有重要的意义。

第八章
中国采掘业二氧化碳排放因素分解

碳排放主要来自化石燃料。化石燃料燃烧和其他人类生产活动引起的气候变化正在对全球生态系统产生越来越显著的影响,并给人类的生存和发展带来了严重挑战,气候变化问题已经成为国际社会普遍关注的重大问题。自 2006 年以来,中国一直是二氧化碳排放最多的国家。2011 年,中国的二氧化碳排放量达 89.79 亿吨,占全球总排放量的 26.4%(BP,2012)。同时,由于二氧化碳排放的全球性以及国内极端气候频发,中国面临着国际和国内的越来越大的碳减排压力。

最近几年,中国政府对气候变化问题和二氧化碳减排空前的重视。2009 年,哥本哈根气候变化谈判前,中国政府提出到 2020 年非化石能源占一次能源消费比重达到 15% 左右、单位 GDP 碳排放比 2005 年下降 40%~45% 的目标,并将其纳入国民经济和社会发展规划。2010 年,中国政府制定的"十二五"规划进一步提出,到 2015 年全国单位国内生产总值能耗比 2010 年下降 16%,单位国内生产总值的二氧化碳排放量比 2010 年下降 17%。

中央政府为了实现整体减排目标,向各行政区分配了能源强度指标和碳强度指标,并在各行业的"十二五"规划中,也规定了分行业的减排指标。由于每个行业性质不同,能源消费也有各自的特点,因此,要达到减排的目的,政府需要对各个行业的二氧化碳排放情况有深入的了解,对影响行业二氧化碳排放的因素进行分析,尤其是一些高耗能、高排放的工业部门。而采掘业是国民经济的支柱产业,为国民经济发展提供主要的能源和资源,同时也是高能耗、高排放产业。

在这样的情况下,分析采掘业的能源消费和二氧化碳排放特点十分必要。本书将采用对数平均 Divisia 分解法(Logarithmic mean weight Divisia Index,LMDI)对影响中国采掘业二氧化碳排放的因素进行分解,准确度量各因素对二氧化碳排放的影响程度,将有助于有针对性地进行碳减排目标的设定,为具体节能减排方法的实施提供支持,指导中国采掘业的低碳发展。

本章利用 LMDI 方法,分析了从 1985 年到 2010 年中国采掘业碳排放的变化及影响因素。结果表明,中国采掘业碳排放增长的影响因素可以分解为劳动生产率(LP)、能源强度(EI)、碳排放系数(CI)、能源结构(ES)和规模效应(IS)。其中劳动生产率(LP)效应是推动中国采掘业碳排放增加的主要因素,能源强度(EI)效应是推动碳排放减少的主要因素。其他三个因素也产生了影响,但是远小于前面两个因素的影响。同时,本章对采掘业进一步推进节能减排提出了政策建议。

本章接下来的结构安排如下:

第一节对中国采掘业碳排放现状作了描述;

第二节是方法论和数据的描述;

第三节将利用 LMDI 方法对中国采掘业碳排放进行因素分解;

第四节是本章小结。

8.1 中国采掘业碳排放现状 ◆◆➡

采掘业二氧化碳的排放主要产生在使用化石燃料的过程中,本书不考虑使用电力耗能的间接排放。

采掘业碳排放同样呈现逐年增加的趋势,到 2011 年达到 55 250 万吨,占全国碳排放的 6.15%。由趋势图(见图 8-1)可以看出,采掘业碳排放的增长趋势不断加强,最近几年增速更为明显。其占全国的比重呈总体下降趋势,最近几年趋于平稳,并呈现缓慢上升的趋势。2003 年采掘业碳排放出现较大增长,主要原因是煤炭使用量的突然增加,由 2002 年的 8 921.14 万吨突然增长到 2003 年的 12 634.06 万吨,增幅高达 41.62%。

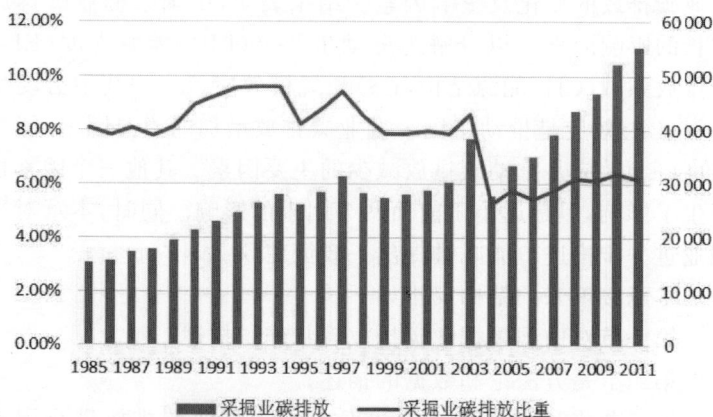

图 8-1 中国采掘业历年碳排放数据(单位:万吨,%)

注:作者根据中国能源数据计算采掘业碳排放,全国碳排放采用 BP(2012)的统计数据。

8.2　方法论和数据 ●●➡

8.2.1　方法论

　　LMDI（logarithmic mean divisia index，对数平均分解法）方法目前应用广泛，它采用一个对数平均公式，替换了之前的简单算术平均权重计算方法。这一方法的优点是可不产生余值，且允许数据中包含零。

　　为了确定中国采掘业二氧化碳排放的影响因素，本书采用对数平均指数分解法（LMDI）。Kaya等式将一国的二氧化碳排放分解为碳排放系数、能源结构、人均产出和劳动力。考虑到采掘业的特性，本书将碳排放的影响因素分为以下五个因素：

　　碳排放系数效应（carbon intensity effect）：单位标准煤的化石燃料消耗排放的二氧化碳量。由于不同化石燃料的碳排放不同，其比例变化，碳排放发生变化，碳强度效应随之产生。

　　能源结构效应（energy structure effect）：化石能源占全部能源消耗的比例，由于电力不直接产生碳排放，除去电力的化石能源比例的变化将影响采掘业的碳排放量。

　　能源强度效应（energy intensity effect）：单位工业增加值的能源消耗量，衡量了能源的产出效率，反映技术进步的影响。

　　劳动生产率效应（labor productivity effect）：行业采掘业单位劳动力的产出量，代表劳动生产率的高低。

　　工业规模效应（industry scale effect）：用行业劳动力从业人数的多少来表示。

本书中,中国采掘业二氧化碳排放的指数分解公式如下:

$$C = \frac{C}{E_f} \cdot \frac{E_f}{E} \cdot \frac{E}{Y} \cdot \frac{Y}{w} \cdot w \qquad (8\text{-}1)$$

C 代表中国采掘业的 CO_2 排放量;E_f 代表采掘业的化石能源消耗量;E 代表采掘业的全部能源消费量;Y 代表采掘业的工业增加值;w 代表采掘业从业人数。

等式(8-1)右边的乘数代表不同因素的影响。每个乘数的含义如表 8-1 所示。

表 8-1 定义影响变量

乘数	简称	含 义
C/E_f	CI	碳排放系数效应
E_f/E	ES	能源结构效应
E/Y	EI	能源强度效应
Y/w	LP	劳动生产率效应
w	IS	规模效应

资料来源:作者制表。

由公式(8-1)可得:

$$C = CI \times ES \times EI \times LP \times IS \qquad (8\text{-}2)$$

用 LMDI 指数,笔者将二氧化碳排放的变化分解为 5 部分。t 年的碳排放增量可以计算如下:

$$\Delta C = C_t - C_0 = \Delta C_{CI} + \Delta C_{ES} + \Delta C_{EI} + \Delta C_{LP} + \Delta C_{IS} \qquad (8\text{-}3)$$

则碳排放影响因素的计算公式可以表示为:

$$\Delta C_{CI} = L(C_0, C_t) \cdot \ln(CI_t / CI_0),$$

$$\Delta C_{ES} = L(C_0, C_t) \cdot \ln(ES_t/ES_0),$$
$$\Delta C_{EI} = L(C_0, C_t) \cdot \ln(EI_t/EI_0),$$
$$\Delta C_{LP} = L(C_0, C_t) \cdot \ln(LP_t/LP_0),$$
$$\Delta C_{IS} = L(C_0, C_t) \cdot \ln(IS_t/IS_0),$$

$$\text{其中 } L(C_0, C_t) = \frac{C_t - C_0}{\ln(C_t/C_0)} \tag{8-4}$$

8.2.2 数据来源

本书的数据来自中国国家统计局、中国能源统计年鉴、CE-IC 统计数据库等。数据期间从 1986 年到 2010 年。

（1）采掘业二氧化碳排放量

本书参照 IPCC（2006）提供的二氧化碳排放估算方法，考虑所需数据的可获得性，根据采掘业不同的能源消费量计算其碳排放。

本书参考最新的能源统计年鉴中采掘业化石燃料消费的统计数据分类，对化石燃料品种进行分类，共分为八大类，即煤炭、焦炭、原油、汽油、煤油、柴油、燃料油和天然气，然后对各类化石能源进行单位换算，以便统一各类化石燃料消费数据的量值。煤炭和石油类燃料以吨标准煤为计量单位，而天然气类燃料以立方米计量，所以，笔者在求解二氧化碳排放量之前需要统一单位，将其转化为普通能源单位计量。笔者要参考中国能源统计年鉴中各种能源折标准煤参考系数表中的数据以及 IPCC（2006）关于各类燃料的排放因子数据，计算采掘业不同种类能源的碳排放。同时，化石燃料在燃烧过程中，有效燃烧能确保燃料中的碳最大限度地被氧化，其中存在一小部分碳在燃烧过程中可能未被氧化，因此，求解二氧化碳排放量的过程中，笔者还需要考虑每个部门各种燃料燃烧的碳氧化系数。本书借鉴 IPCC (2006)推荐的部门化石燃料氧化系数,结合国内外相关研究成果对氧化系数进行细化,最终得出各个部门不同燃料的氧化系数。

根据上述碳排放系数和碳氧化系数,笔者对历年能源统计年鉴中我国能源平衡表的数据加以计算,可得到采掘业当年化石燃料燃烧所排放的二氧化碳量。

(2)化石能源消费量

本书化石能源消费量的数据根据历年《中国能源统计年鉴》中采掘业能源消费总量和电力消费量的数据,从总量中扣除电力消费量的标煤量得到。电力数据的折算根据国家统计局给出的每度电折 0.404 千克标准煤计算。

(3)采掘业工业增加值

采掘业工业增加值的数据来自国家统计年鉴,并调整为1985 年的价格。

(4)采掘业从业人数

中国采掘业从业人数的数据来自 CEIC 统计数据库,单位为万人。

从业人数对采掘业的发展、能源效率会产生影响。以美国为例,美国国土面积 937.3 万平方公里,居全球第四位,是世界上重要的矿产品及煤炭等资源生产和消费大国,同时也是世界采掘业发展的中心之一。广阔的国土面积及不同的地质构造给美国带来了十分丰富的矿产品及能源产品等资源储量,采矿业和能源行业是美国的基础产业之一,在美国国民经济中占有比较重要的地位。

根据美国劳工部 2005 年产业的划分,采掘业包括石油天然气开采业、煤炭开采业、金属和非金属开采业,以及采掘业后勤支持部门。从采掘业人数来看,自 20 世纪 90 年代以来,美国采掘业的从业人数出现不断减少的趋势。图 8-2 是石油天然气开采行业、煤炭开采业、金属和非金属开采业，以及采掘业后勤支持部门就业人数历年变化的趋势图。

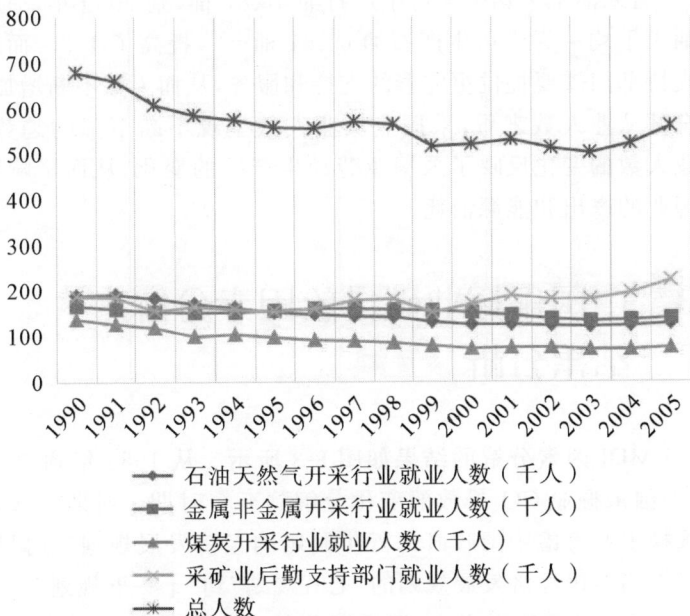

图 8-2　美国采掘业各行业就业人数的变化

数据来源：美国劳工部。

　　由图 8-2 可以看出，从 1990 年到 2005 年，美国经济发展很快，美国石油天然气开采行业、煤炭开采业、金属和非金属开采业的从业人数整体不断减少，只有后勤支持部门的人数有所增加。这主要是由于技术的不断进步，机械化、电气化的不断加强，机器生产替代了人工操作。在这个阶段，美国采掘业的劳动

生产率不断提高,1990 年,一个煤矿工平均可生产煤炭约 0.757
万吨,2000 年,一个煤矿工平均可生产煤炭 1.487 万短吨,提高
近 1 倍;石油天然气开采业劳动生产率同样也提高很大,1990
年,一名采油工平均一天可生产石油 46.87 桶,到 2000 年,一名
采油工平均一天则可生产石油 61.91 桶[120],提高了 1/3。而后
勤支持部门需要提供更完善的支持和服务,从而人数不断增加。
从全部从业人数来看,采掘业从业人数呈现不断下降的趋势。
从业人数的变化反映了采掘业劳动生产率的变化,从而影响到
采掘业的产出和能源消耗。

8.3 中国采掘业碳排放因素分解 结果分析 ●●➡

　　LMDI 因素分解的结果如图 8-3 所示。从 1985 年到 2010
年,中国采掘业 CO_2 排放的变化分解到五个时期。时期的起始
点选择主要考虑中国政府每五年制定的经济发展规划,数据期
间从中国国民经济发展规划的"七五规划"到"十一五规划"。

　　由图 8-3 可以看出,中国采掘业的二氧化碳排放在这五个
时期一直处于上升阶段,但是每个阶段的上升幅度不同,且每个
分解因素的影响更不相同。整体来看,劳动生产率的影响(LP)
是主要的驱动因素,其次是规模效应(IS)和能源强度效应。

　　1986—1990 年,总的二氧化碳排放增量为 60.65 百万吨,在
这五个时间跨度中,排放增量居第二位。这段时间内,影响最大
的因素是劳动生产率(LP),解释了约 58% 的二氧化碳排放的增
量。其次是规模效应(IS),增加了 22.59 百万吨碳排放,解释了
约 37% 的二氧化碳排放的增量。能源结构(ES)的影响为负,说

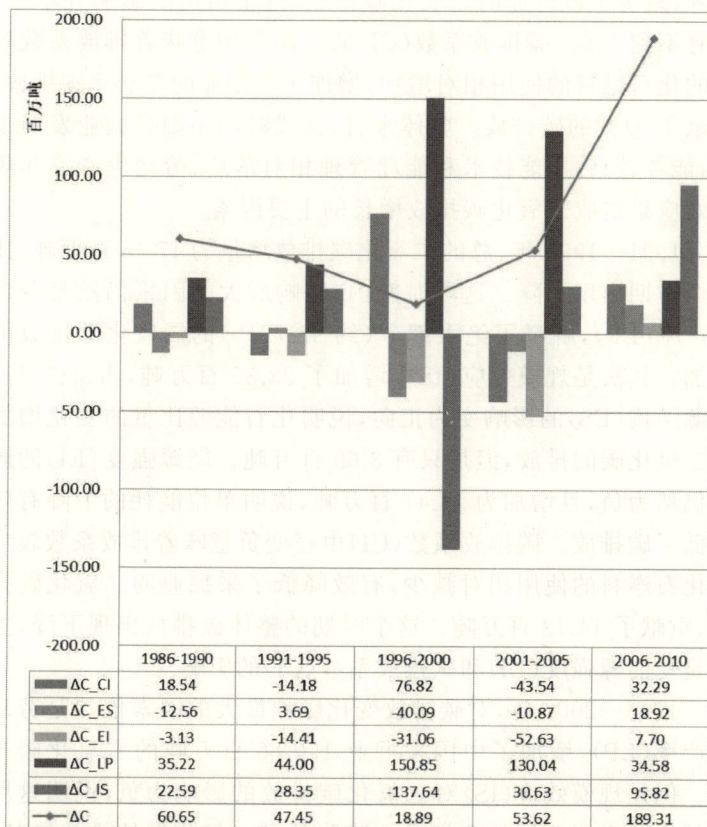

	1986-1990	1991-1995	1996-2000	2001-2005	2006-2010
■ΔC_CI	18.54	-14.18	76.82	-43.54	32.29
■ΔC_ES	-12.56	3.69	-40.09	-10.87	18.92
■ΔC_EI	-3.13	-14.41	-31.06	-52.63	7.70
■ΔC_LP	35.22	44.00	150.85	130.04	34.58
■ΔC_IS	22.59	28.35	-137.64	30.63	95.82
◆ΔC	60.65	47.45	18.89	53.62	189.31

图 8-3 中国采掘业二氧化碳排放驱动因素分解（1986—2010）
资料来源：作者制图。

明电力比重的提高（采掘业电力消耗比重从 1985 年的30.40％提高到 1990 年的 35.06％）有效地减少了碳排放，对减排的贡献达到 21％。能源强度（EI）的影响为负，也就是说，由于能源强度下降,减少了该行业的二氧化碳排放,这个负向的影响并不大,只有不到5%。碳排放系数(CI)的正向影响意味着排放系数较大的化石燃料的使用相对增加,增加了采掘业的二氧化碳排放,贡献了31%的碳排放。整体来看,这段时间中国采掘业发展平缓,能耗较高,用能技术和能耗管理相对落后,劳动生产率和规模效应是造成二氧化碳排放增长的主要因素。

1991—1995年,总的二氧化碳排放增量为47.45百万吨,比上个时期出现下降。这段时间内,影响最大的因素仍然是劳动生产率(LP),解释了绝大部分(约92.72%)的二氧化碳排放的增加。其次是规模效应(IS),增加了28.35百万吨,占59.75%。能源结构(ES)的影响变为正向,说明化石能源比重的变化增加了二氧化碳的排放,但是只有3.69百万吨。能源强度(EI)的影响仍然为负,且增加为14.41百万吨,说明单位能耗的下降有效降低了碳排放。碳排放系数(CI)由正变负意味着排放系数较大的化石燃料的使用相对减少,有效降低了采掘业的二氧化碳排放,贡献了14.18百万吨。这个时期的整体碳排放出现下降,主要是受能源强度(EI)和碳排放系数(CI)的影响。

1996—2000年,对碳排放变化影响最大的因素依然是劳动生产率(LP),增加了中国采掘业150.85百万吨的二氧化碳排放。但是规模效应(IS)对二氧化碳排放的影响为负,说明这段时间中国采掘业的行业规模下降降低了二氧化碳的排放增长。本书认为其主要是受1997年金融危机的影响,整体行业需求减少,另外,体制改革使得部分从业人员下岗,降低了采掘业的碳排放。企业的倒闭和裁员使得该行业的从业人数从1995年的974.2万人下降到2000年的585.1万人,下降了39.9%(CEIC database)。碳排放系数(CI)的影响变为正,达到76.82百万吨。能源结构(ES)的影响又由正转负,抵消了40.09百万吨的碳排放。能源强度(EI)的影响继续增强,负向影响为40.09百万吨,对减少排放起到了不小的作用。这段时间内的该行业的碳排放降低到历史的最低水平,其影响因素波动很大,主要受到经济形势变化和体制改革的影响。

"十五"期间(2001—2005 年),总的二氧化碳排放量增加了53.62百万吨,主要拉动因素依然是劳动生产率(LP),为130.04百万吨。另外,规模效应(IS)也产生了显著的正向影响,达到30.63百万吨。金融危机后,行业开始缓慢复苏,采掘业规模开始逐渐变大,从而拉动了行业碳排放的增加。这主要是因为经历过金融危机之后,尤其是加入 WTO 后,中国的经济增速开始加快,采掘业受整个宏观经济的影响,也进入经济上行区间。这段时期的能源强度(EI)开始发挥更大的作用,抵消了 52.63 百万吨的碳排放。

"十一五"期间(2006—2010 年),劳动生产率(LP)的影响开始降低,降为34.58 百万吨,但仍然是二氧化碳排放增长的重要驱动因素。从绝对量上来说,规模效应(IS)开始增强,达到95.82百万吨,这主要是中国政府采取了四万亿投资①的刺激政策,产业需求增加,企业规模对碳排放增加的效应增强。再次是碳排放系数(CI)、能源结构(ES)和能源强度(EI)效应,都对碳排放的增加产生了正向的影响。

综合来看,从 1985 年到 2010 年的几个时期内,对碳排放影响最大的因素是劳动生产率(LP),它背后其实体现的是能源对劳动力的替代。由于劳动力价格的不断上升,也促使企业减少

---

① 四万亿计划是时任中国国务院总理温家宝于 2008 年 11 月 5 日主持召开的国务院常务会议正式做出的决定,在短期内使中国经济形势好转。

劳动力,而更多地使用机械,从而增加了能源的消耗。

图 8-4 显示了驱动因素对碳排放增加的累积影响(以 1986 年为基期)。这样看起来每个驱动因素的影响更为明显。

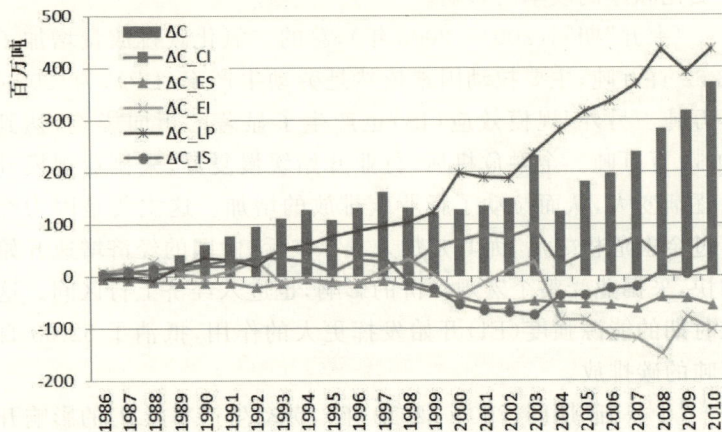

图 8-4 中国采掘业二氧化碳排放驱动因素的累积影响(1985—2010)
资料来源:作者制图。

以 1985 年为基年,与 1985 年采掘业的碳排放相比,本书计算的中国采掘业的碳排放增长,从 1986 年的 3.79 百万吨增长到 2010 年的 369.93 百万吨增长了 96.46 倍。碳排放在 2005 年后出现较显著的增长,正是中国十二五规划发展期间,城市化和工业化进程加剧,2008 年国家启动四万亿投资计划,采掘业能源消耗不断增长,碳排放不断增加。2005 年到 2010 年的年均碳排放增速达到 11.91%。由图 8-4 可以看出,劳动生产率(LP)是影响采掘业碳排放增长的主要因素。与 1985 年的基期对比,劳动生产率(LP)的碳排放贡献从 1986 年的负向的 4.2 百万吨增长到 2010 年的正向的 434.85 百万吨。1985—2010 年,

劳动生产率(LP)的贡献增长了 104.4 倍。对碳减排影响最大
的是能源强度(EI)效应,与 1985 年的基期相比,碳减排贡献从
1986 年的正向的 8.7 百万吨变为 2010 年的负向的 104.35 百万
吨,增长了 12.9 倍。另外一个对碳排放增长产生正向影响的因
素是碳排放系数(CI),从 1986 年的 1.13 百万吨增长到 2010 年
的 78.44 百万吨,期间对碳排放的影响有正有负,长期来看,它
是一个较为稳定的影响因素。能源结构(ES)对碳排放产生了
较为稳定的减排作用,从 1986 年的 -6.13 百万吨,增长到 2010
年的 -57.92 百万吨,且增长曲线较为平滑,这主要是由于采掘
业的电力消耗比重稳步增长,从 1985 年的 30.41% 增长到 2010
年的45.30%,可见电力比重对碳排放的影响并不明显。规模效
应(IS)的影响则出现较大转变,1998 年之前不断促进碳排放的
增长,但是 1998—2008 年期间出现负的累积影响,这主要是受
经济形势的影响,企业从业人数从 1997 年金融危机后出现大规
模减少,从 2003 年开始才出现缓慢增长,这段时间的规模效应
对碳排放产生了一定的减排效果。

　　总体来看,采掘业碳排放最主要的增长因素是劳动生产率
(LP),而最主要的减排影响因素是能源强度(EI)。劳动生产率
(LP)的提高增加了碳排放,本书认为背后主要体现的是机械化
和能源对劳动力的替代,增加了碳排放;能源强度(EI)有效地减
少了碳排放的增长,说明采掘业的产业技术在不断提高,单位产
出能耗的碳减排效应明显。碳排放系数(CI)对碳排放的影响是
正向且稳定的,而能源结构(ES)的影响为负,规模效应(IS)受
到经济形势的影响,这三个因素对碳排放的影响较为稳定且并
不突出。

8.4 本章小结 ●●➡

本书基于 LMDI 方法估计了中国采掘业碳排放的影响因素。结果表明,影响中国采掘业碳排放增长的主要因素是劳动生产率(LP)和能源强度(EI)。劳动生产率(LP)效应是推动中国采掘业碳排放增加的主要因素,能源强度(EI)效应是推动碳排放减少的主要因素。其他三个因素也产生了影响,但是远小于前面两个因素的影响。碳排放系数(CI)对碳排放的影响是正向且稳定的,而能源结构(ES)的影响为负,规模效应(IS)受到经济形势的影响,从而对碳排放产生影响。

本书的贡献在于,首次对中国采掘业的碳排放影响因素做了分析,通过分析碳排放的影响因素,能够更好地制定采掘业的碳减排政策,从而为国家低碳经济的发展提出行业政策建议。本书的政策建议如下:

第一,提高劳动生产率的同时,考虑能源对劳动力的替代,制定合理的节能和碳排放目标。本书发现,劳动生产率是对采掘业碳排放影响最大的因素,其背后体现的是能源对劳动力的替代。通过技术进步实现的节能和碳减排,在劳动力价格上涨和机械化替代劳动力的过程中,又增加了能源消耗和碳排放。因此,政府在制定节能和碳排放目标时,应该考虑能源替代对能耗和碳排放的影响。如何核算这部分的能耗和碳排放,是需要进一步深入研究的问题。

第二,进一步通过技术进步提高采掘业的能源强度,实现节能减排。本书证明了能源强度是降低采掘业碳排放的主要因素,因此,政府需要制定更严格的政策保证能源强度的下降,在保证采掘业产出的同时,通过先进的节能技术引进,自主创新激励,加快节能技术的推广,进一步降低采掘业的碳排放。

第三,制定长期能源发展规划,进一步优化采掘业化石能源结构,提高电力比例,促进节能减排。本书的研究结果表明,化石能源结构和电力消耗的比例虽然对采掘业碳排放的影响不是特别显著,但是存在长期而稳定的影响,结构调整对于碳减排是有利的。结构调整不是短期可以解决的问题,因此,政府应该通过制定长期能源发展规划,通过合理的结构调整目标,保证结构调整效应对采掘业碳减排作用的实现。

第九章

本书结论

　　随着中国经济的持续高速发展,工业化和城市化进程的加快,能源需求仍将保持刚性增长。而全球可利用的资源有限,中国自身的能源需求将来将面临如何满足的问题。中国自身高度依赖煤炭资源,而煤炭资源是有限的。石油进口依存度不断提高,将继续面临价格和供应保障的风险。碳排放的问题引起越来越多国家的关注,中国作为世界上最大的二氧化碳排放国家,面临的压力可想而知。应对气候变化,寻找一条可持续发展的低碳之路,是中国必须采取措施的时候了。采掘业作为中国重要的能源资源供应产业,为中国自身的能源供应和资源供应提供了基本保障,同时,采掘业自身又消耗了大量的能源,并带动其他产业消耗了大量的能源。在节能减排压力不断增大的今天,研究采掘业的发展情况势在必行。正是在这样的背景下,本书对采掘业的能源消耗和碳排放问题进行了初步的研究,得到以下几点结论:

　　第一,采掘业产品的生产对其他行业的能源消耗具有一定的带动作用。本书利用投入产出模型分析了采掘业的产出对其他行业的带动作用,主要体现在对电力、热力的生产供应和交通运输等行业有带动作用,同时对其他行业也有一定的带动作用。

这表明采掘业不仅自身消耗大量的能源,通过其他行业的带动作用,也要消耗很大一部分的能源,这部分的能源消耗是不可避免的,可以认为是采掘业运行必需的消耗。因此,研究采掘业节能减排的意义不仅对采掘业自身产生影响,通过不同产业的投入产出,对全社会能源消耗也产生较大影响,在社会专业化分工更加明确的今天,采掘业的能源消耗将是整个工业体系不可分割的一部分,笔者必须针对整个工业体系全面展开研究。同时,采掘业也为其他行业提供能源和原材料等,这个过程也可以看作是其他产业能源消耗的一部分,在研究其他产业的能源消耗时,也需要考虑采掘业的影响。

第二,不同地区的采掘业能源效率具有较大不同,应分别制定相应的节能和碳减排政策。通过对中国采掘业省际层面的SFA随机前沿分析,笔者发现中国采掘业的能源效率并不高,2006—2011年中国采掘业的平均能源投入效率为0.617,年均节能潜力为3 161万吨标煤,具有较大的节能空间。由于资源禀赋和政策的不同,中国经济的飞速发展造成了中国地区发展的不平衡,采掘业受到地区资源分布的差别、技术、资金投入、劳动力等不同因素的影响,其地区能源效率存在较大差别,能源效率提升的空间很大。因此,针对东、中、西部地区的采掘业,笔者应当制定不同的节能减排政策,更好地促进采掘业节能减排。东部地区重点提高能源输送效率,西部地区应当重点考虑提高经济发展水平。同时,能源价格会对采掘业能源效率产生较大的影响,提高能源价格能够促进采掘业能源效率的提高。行业集中度对采掘业的能源效率也产生较为明显的影响,行业集中度的提高将导致能源效率的降低。而环境规制对采掘业能源效率产生了正向的促进作用,这为采掘业的环境治理提供了政策依据。

第三,通过对采掘业节能潜力和碳减排潜力的测算,无论从绝对量还是相对量来看,中国采掘业的节能和碳减排潜力都非常可观。通过协整模型的分析,笔者重点考虑了 FDI 对于采掘业能源消耗的影响,同时发现燃料价格、劳动生产率等因素对采掘业能源消费的长期弹性具有显著的影响,为进一步缩小节能空间,应当制定更为积极的节能政策。通过减少外商直接投资,减轻能源对劳动力的替代,能够显著地降低采掘业的能源消耗和碳排放,减轻未来社会能源消耗的增长,减少国际社会对中国碳减排施加的压力。由于产出效应的存在,提高能源价格对采掘业的节能效果并不明显。

第四,通过对采掘业二氧化碳排放进行 LMDI 因素分解,发现劳动生产率是带来采掘业碳排放增长的主要因素,能源强度有效地降低了采掘业的碳排放增长。而劳动生产率背后体现的是机械化和能源对劳动力的替代,随着中国劳动力成本的不断上升和劳动生产率的不断提高,将进一步带来更多的碳排放增长。能源强度有效地减少了采掘业碳排放的增长,这说明采掘业的生产技术在不断提高,单位产出能耗的碳减排效应明显。采掘业的能源消费结构变动不大,而通过能源强度的下降带来的碳减排效应明显。碳排放系数对碳排放的影响是正向且稳定的,而能源结构的影响为负,规模效应受到经济形势的影响,这三个因素对碳排放的影响较为稳定且并不突出。

针对本书的研究,笔者对采掘业的发展提出如下的政策建议:

第一,采掘业的节能政策的制定需要综合考虑其他产业的影响,进一步分析产业间的能源消耗带动作用。通过投入产出分析,采掘业的能源消耗带动了大部分产业能耗的增加,而且是刚性的增加。因此,采掘业的节能不是孤立的节能,需综合考虑其他产业的相互影响。

　　第二,对中国不同地区的采掘业分别制定不同的节能政策,综合考虑区域因素的影响。东部地区主要从价格和环境规制方面入手,提高采掘业的能源效率和节能水平;西部地区应当充分考虑经济发展水平的制约,根据发展水平制定节能政策。

　　第三,进一步推进采掘业能源价格改革,推进采掘业市场化进程。研究表明,能源价格的提高有助于制定节能政策,因此推动采掘业市场化进程,有助于提高能源效率和节能水平。笔者要合理控制外商投资规模,促进采掘业节能减排。中国经济已经具有一定的规模,更多地依靠自身实力能够更有效地促进产业发展和节能减排。

　　第四,制定采掘业节能减排政策应当充分考虑能源对劳动力的替代。虽然劳动生产率提高有助于能源效率的提高,但是劳动生产率的提高在中国目前的发展阶段很大部分是由能源和机械对劳动力的替代来完成的。因此,科学合理的节能政策应充分考虑当前劳动生产率提高的能源替代效应,不能盲目制定节能政策。同时,减少采掘业碳排放,需要通过降低能源强度,提高采掘业能源使用技术水平来实现节能。

主要参考文献

［1］郭金陵,李兰兰,李如鑫.煤炭矿区节能减排仿真研究［M］.中国地质大学出版社,2011.

［2］Bebbington, A., Hinojosa, L., Bebbington, D. H., Burneo,M.L.,Warnaars,X.,2008. Contention and ambiguity:mining and the possibilities of development.Dev. Change, 39,887－914.

［3］Horowitz,L.S.,2011.Interpreting industry's impacts: micro political ecologies of divergent community responses. Dev.Change,42,1379－1391.

［4］Pegg, S.,2006.Mining and poverty reduction:transforming rhetoric into reality. J. Clean.Prod.14,376－387.

［5］Auty, R.M., 1993. Sustaining Development in Mineral Economies (The resource curse thesis). Routledge,London.

［6］Collier, P., 2007. The Bottom Billion ［M］. Oxford University Press, New York.

［7］Sachs, J.D.,Warner,A.D.,2001.Natural resources and economic development:the curse of natural resources. Eur. Econ.Rev.45,827－838.

[8]辛晴,綦建红,李鸿.全球采掘业对外直接投资的趋势及启示[J].国际经济合作,2008(5).

[9]王学评,刘大文,元春华.我国矿业境外投资的 SWTO 分析[J].中国矿业,2010,19(1).

[10]方友林.发展中国家采掘业外资政策的新进展[J].国际经贸探索.2010,26(2).

[11]周铁军,刘传哲.中国采矿业对外直接投资现状及动因分析[J].中国煤炭,2011,37(1).

[12]吴玉春,王静,刘自学.采掘业跨国经营的政治风险管理[J].经营与管理,2012(11).

[13]霍雅勤,王瑛.技术进步对中国矿产资源采掘业产出的贡献[J].中国矿业,2005(3).

[14]张卉,司徒春妹,李志学.我国采掘业研发支出及其对成长性的影响研究[J].科技管理研究,2013(8).

[15]吴杰,廖洪.国际采掘行业会计研究综述[J].财会通讯学术,2005(9).

[16]张玉兰,刘秋华,周名胜.制定我国煤炭采掘业会计准则的必要性研究[J].煤炭经济研究,2007(10).

[17]刘丽君,王越.加拿大矿业管理体制及税费政策[J].中国矿业,2006.15(5).

[18]黄昶生.石油采掘业新区产能建设模式研究[J].人民论坛,2010,305(10).

[19]徐曙光,李茂.全球矿业投资中矿山环境准入指标体系研究[J].国土资源情报,2013(11).

[20]付建飞,王恩德,王毅,杨朝强,牛永效.矿产资源规划环境影响评估方法及实例研究[J].安全与环境学报,2005,5(10).

[21]李川.矿产资源规划环境影响评价内容与方法[J].环境科学与管理,2007,32(1).

[22]姚静,杨辉,张玲.矿产资源规划环境影响评价指标体系及方法的探讨[J].环境科学与管理,2008,33(4).

[23]李雪梅,闫海龙.矿产资源产业发展及其经济环境效应——以塔河流域巴州地区为例[J].资源与产业,2012,14(4).

[24]万毅,白鸽,张松航,郑贵强,周龙飞.深煤层二氧化碳埋存技术难题及解决方案初探[J].资源与产业,2012,14(4).

[25]王剑.基于投入产出分析的福建省主导产业选择[J].黑河学刊,2009(04).

[26]梁敏.基于投入产出分析的山东省主导产业选择研究[J].山东经济,2011(09).

[27]王微.基于投入产出分析方法研究中国农业在国民经济发展中的作用[D].山东大学,2007.

[28]钟山,刘源张,汪寿阳.交通货运业瓶颈问题的投入产出分析[J].交通运输系统工程与信息,2004(2).

[29]陈建华,周健,曹沫.中国交通运输业产业特征演变分析,基于投入产出分析方法[J].发展研究,2011(3).

[30]吕金飞,金笙,刘俊昌,刘冰.林业投入产出分析综述[J],林业经济问题,2006(2).

[31]杨军,宋学锋.煤炭价格对我国各相关产业的影响研究——基于投入产出分析[J].经济问题,2012(11).

[32]林玉蕊.农业投入产出生产函数及其应用研究[J],数学的实践与认识,2007(13).

[33]庄焰,郑贤,王京元.中国建筑业投入产出效率分析:1991—2003[J].建筑经济,2006(S2).

[34]魏本勇,方修琦,王媛,杨会民,张迪.基于投入产出分

析的中国国际贸易碳排放研究[J].北京师范大学学报(自然科学版),2009(4).

[35]张智慧,刘睿劼.基于投入产出分析的建筑业碳排放核算[J].,清华大学学报(自然科学版),2013(1).

[36]张迪,魏本勇,方修琦.基于投入产出分析的2002年中国农产品贸易隐含碳排放研究[J].北京师范大学学报(自然科学版),2010(6).

[37]徐盈之,邹芳.基于投入产出分析法的我国各产业部门碳减排责任研究[J].产业经济研究,2010(5).

[38]项长兴.栖霞山矿产资源开发利用投入产出分析[J].有色矿山,1996(4).

[39]李充.我国采掘业的发展现状研究,基于2007年四部门投入产出表的分析[J].经济视角,2011(10).

[40]程伟.矿区资源综合开发利用的循环经济模式及投入产出分析[D].中国矿业大学,2010.

[41]王博文,韩先锋,卫伟.基于SFA和DEA的中国低碳企业生产效率的比较[J].统计与决策,2012(2).

[42]何浩,闫冰.基于DEA和SFA方法的寿险公司经营效率实证研究[J].上海金融,2009(7).

[43]何枫,陈荣.R&D对中日家电企业效率差异的经验解释:SFA和DEA的比较[J].研究与发展管理,2008(2).

[44]傅晓霞,吴利学.前沿分析方法在中国经济增长核算中的适用性[J].世界经济,2007(7).

[45]史丹,吴利学,傅晓霞,吴滨.中国能源效率地区差异及其成因研究——基于随机前沿生产函数的方差分解[J].管理世界,2008(2).

[46]何枫,陈荣.公司治理及其管理层激励与公司效率——

关于中国上市公司数个行业的实证研究[J].管理科学学报，2008(4).

[47]刘玲利,李建华.基于随机前沿分析的我国区域研发资源配置效率实证研究[J].科学与科学技术管理,2007(12).

[48]陈青青,龙志和,林光平.中国区域技术效率的随机前沿分析[J].数理统计与管理,2011(2).

[49]叶娇.外资企业研发绩效的随机前沿分析[J].财经问题研究,2009(3).

[50]景保峰,周霞,胡爱媛.基于随机前沿分析的上市物流公司技术效率评价[J].工业工程,2012(2).

[51]赵金楼,李根,苏屹,刘家国.我国能源效率地区差异及收敛性分析——基于随机前沿分析和面板单位根的实证研究[J].中国管理科学,2013(2).

[52]Garbaccio R F, Ho M S, Jorgenson D W. 1999. Why Has the Energy-output Ratio Fallen in China? [J]. Energy Journal, (20).

[53]史丹.我国经济增长过程中能源利用效率的改进[J].经济研究,2002(9).

[54]樊茂清,任若恩,陈高才.技术变化,要素替代和贸易对能源强度影响的实证研究[J].经济学,2010(1).

[55]王喜平,姜晔.碳排放约束下我国工业行业全要素能源效率及其影响因素研究[J].软科学,2012,26(2).

[56]李世祥,成金华.中国工业行业的能源效率特征及其影响因素——基于非参数前沿的实证分析[J].财经研究,2009,35(7).

[57]王姗姗,屈小娥.基于环境效应的中国制造业全要素能源效率变动研究[J].中国人口资源与环境,2011(8).

[58]王海宁,陈媛媛.产业集聚效应与工业能源效率研究——基于中国 25 个工业行业的实证分析[J].财经研究,2010,36(9).

[59]张燕,张洪,高翔.基于嵌入能耗的投入产出模型的我国产业耗能分析[J].统计与决策,2011,338(14).

[60]邵军,管驰明.中国工业部门能源使用效率及其影响因素研究[J].经济学家,2009(1).

[61]范丹,王维国,基于低碳经济的中国工业能源绩效及驱动因素分析[J].资源科学,2013,35(9).

[62]李莉.煤矿用电节电管理研究[J].科技信息,2009(35).

[63]张宝瑢.循环经济促进矿山企业的节电节能[J].矿业工程,2010.

[64]王立武.煤炭企业节电管理之我见[J].内蒙古煤炭经济,2010(6).

[65]和玉梅.煤炭企业实现节约用电的措施[J].煤炭技术,2013(10).

[66]敬红彬.油田采油的节电技术与应用[J].节能环保论文,2007(3).

[67]景卫忠,孔令锁,刘明梅,贾彩梅.油田节电途径浅议[J].工业计量,2004(S1).

[68]杨晓存.油田生产"三调整"节电管理方法的探讨[J].石油石化节能,2013(3).

[69]孙闯,吴九虎,陈武.机械采油节电技术分析[J].科技风,2013(2).

[70]罗韬.钨矿山节能减排的思路与实践[J].中国钨业,2008,23(6).

[71]王战修.浅谈采掘机电管理与节能[J].煤炭加工与综合

利用,2000(2).

[72]李迎,刘毅.小型冶金矿山节电途径浅析[J].矿山机械,2008(4).

[73]范家僖.气田集输系统节能措施及潜力分析[J].技术研究,2011(11).

[74]王康民,张慧敏.山西省煤矿实用节能措施探讨[J].机械管理开发,2013,134(8).

[75]Ang, B. W., Zhang, F. Q., Choi, K.. Factorizing Changes in Energy and Environmental Indicators Through Decomposition[J].Energy, 1998 (6): 489—495.

[76]Liu, L., Fan, Y., Wu, Y., Wei, Y.. Using LMDI Method to Analyze the Change of China's Industrial CO2 Emissions from Final Fuel Use: An Empirical Analysis[J]. Energy Policy, 2007 (11): 5892—5900.

[77]陈诗一.中国碳排放强度的波动下降模式及经济解释[J].世界经济,2011,(4).

[78]Wang, C., Chen, J., Zou, J. Decomposition of Energy-related CO_2 Emission in China: 1957—2000[J]. Energy, 2005(30): 73—83.

[79]宋德勇,卢忠宝.中国碳排放影响因素分解及其周期性波动研究[J].中国人口资源与环境,2009(3).

[80]Liu, X., He, Y.. A Decomposition Analysis on Influencing Factors of Energy-related CO2 Emissions in China[J]. Advanced Management Science (ICAMS), 2010 IEEE International Conference, 2010 (July): 354—359.

[81]王锋,吴丽华,杨超.中国经济发展中碳排放增长的驱动因素研究[J].经济研究,2010 (2).

[82]Huang J P. Industry energy use and structure change :a case study of The People's Republic of China[J].Energy Economics,2007(15):131-136.

[83]Zhang Z. Why did the energy intensity fall in China's industrial sector in the 1990s? The relative importance of structural change and intensity change[J]. Energy Economics, 2003(25):625-638.

[84]Karen Fisher-Vanden, Gary H Jefferson, Hongmei Liu, et al. What is driving China's decline in energy intensity [J]. Resource and Enemy Economic,2004(26):77-97.

[85]Chunbo Ma, David I Stern. China's Changing Energy Intensity Trend:A Decomposition Analysis[Z]. Working Papers, Rensselaer Polytechnic Institute, 2006.

[86]吴巧生,成金华.中国工业化中的能源消耗强度变动及因素分析——基于分解模型的实证分析[J].财经研究,2006(6).

[87]齐志新,陈文颖.结构调整还是技术进步——改革开放后我国能源效率提高的因素分析[J].上海经济研究,2006(2).

[88]李国璋,王双.中国能源强度变动的区域因素分解分析——基于 LMDI 分解方法[J].财经研究,2006(8).

[89]张友国.经济发展方式变化对中国碳排放强度的影响[J].经济研究,2010(4).

[90]郭朝先.中国二氧化碳排放增长因素分析——基于 SDA 分解技术[J].中国工业经济,2010(4).

[91]林伯强,刘希颖.中国城市化阶段的碳排放:影响因素和减排策略[J].经济研究,2010(8).

[92]王文娟.基于低碳经济的煤业集团产业链优化研究——以兖矿集团为例[D].复旦大学,2011.

［93］刘瑞翔,安同良.资源环境约束下中国经济增长绩效变化趋势与因素分析——基于一种新型生产率指数构建与分解方法的研究［J］.经济研究,2012(11).

［94］林毅夫.解读中国经济［J］.南京农业大学学报(社会科学版),2013,13(2).

［95］林伯强.中国城市化进程的能源刚性需求［N］.第一财经日报,2009-8-18.

［96］林伯强,孙传旺.如何在保障中国经济增长前提下完成碳减排目标［J］.中国社会科学,2011(1).

［97］何盛明,刘西乾,沈云.财经大辞典［M］.中国财政经济出版社,1990.

［98］薛丹.采掘业产业集群集聚度的均衡水平测度分析［D］.辽宁工程技术大学硕士论文,2011.

［99］钟晶晶.中石化引民资入销售业务,分析称难触及垄断格局［N］.新京报,2014-02-20.

［100］辛晴,綦建红,李鸿.全球采掘业对外直接投资的趋势及启示［J］,国际经济合作,2008(5).

［101］何永秀.中国电价调整经济影响的投入产出分析［J］.华北电力大学学报,2009(3).

［102］Erik Dietzenbacher, Michael L. Lahr . Wassily Leontief and Input-Output Economic［M］.Cambridge University Press,2008.

［103］A Azadeh, M.S. Amalnick, S.F. Ghaderi,S.M. Asadzadeh. An integrated DEA PCA numerical taxonomy approach for energy efficiency assessment and consumption optimization in energy intensive manufacturing sectors［J］.Energy Policy,Volume 35, Issue 7, July 2007, Pages 3792－3806.

［104］OA Olanrewaju，AA Jimoh，PA Kholopane. Integrated IDA-ANN-DEA for assessment and optimization of energy consumption in industrial sectors［J］. Energy，Volume 46，Issue 1，October 2012，Pages 629－635.

［105］Toshiyuki Sueyoshi，Mika Goto. Weak and strong disposability vs. natural and managerial disposability in DEA environmental assessment：Comparison between Japanese electric power industry and manufacturing industries［J］. Energy Economics，Volume 34，Issue 3，May 2012，Pages 686－699.

［106］张各兴,夏大慰.所有权结构、环境规制与中国发电行业的效率——基于 2003—2009 年 30 个省级面板数据的分析［J］.中国工业经济,2011(6).

［107］Franklin Allen and Douglas Gale.Journal of Political Economy［M］.Vol. 108，No. 1 (February 2000)，pp. 1－33.

［108］史丹,吴利学,傅晓霞,吴滨. 中国能源效率地区差异及其成因研究——基于随机前沿生产函数的方差分解［J］.管理世界,2008(2).

［109］Boqiang Lin，LishaYang . The potential estimation and factor analysis of China's energy conservation on thermal power industry［J］. Energy Policy,2013,62(11),pp 354－362.

［110］G. E. Battese，T. J. Coelli . A model for technical inefficiency effects in a stochastic frontier production function for panel data［J］. Empirical Economics ,1995，Volume 20，Issue 2：325－332.

［111］何晓萍. 中国工业的节能潜力及影响因素［J］.金融研究,2011(9).

[112]何盛明,刘西乾,沈云.财经大辞典[M].中国财政经济出版社,1990.

[113]李充.我国采掘业的发展现状研究——基于 2007 年四部门投入产出表的分析[J].经济视角,2011(10).

[114]Ernst Worrell, L. B., Joyashree Roy, Lynn Price, Jochen Harnisch . Industrial energy efficiency and climate change mitigation.[J]. Energy Efficiency ,2009(2)：109－123.

[115]林伯强. 结构变化、效率改进与能源需求预测——以中国电力行业为例[J].经济研究,2003(5).

[116]辛晴,綦建红,李鸿.全球采掘业对外直接投资的趋势及启示[J].国际经济合作,2008(5).

[117]毛成栋,董志祥,刘笑秋.论人民币汇率变动对中国采掘业的影响及对策[J].中国国土资源经济,2012(7).

[118]霍雅勤,王瑛.技术进步对中国矿产资源采掘业产出的贡献[J].中国矿业,2005(3).

[119]何金祥.90 年代以来美国采掘业就业人数的变化——兼探讨美国矿业采掘业的发展趋势[J].资源管理,2006(10).